SILVA JARDIM

Dados Internacionais de Catalogação na Publicação (CIP)
(Câmara Brasileira do Livro, SP, Brasil)

Guzzo, Maria Auxiliadora Dias
Silva Jardim / Maria Auxiliadora Dias Guzzo. –
São Paulo : Ícone, 2003. – (Série pensamento
americano / coordenador da série Wanderley Loconte)

Bibliografia.
ISBN 85-274-0706-X

1. Brasil – Política e governo 2. Jardim,
Silva, 1860-1891 3. Republicanismo – Brasil I.
Loconte, Wanderley. II. Título. III. Série.

02-6798   CDD-321.860981

Índices para catálogo sistemático:

1. Brasil : Republicanos : Ciência política :
   Biografia   321.860981

SILVA JARDIM

Por **Maria Auxiliadora Dias Guzzo**

Coordenador da série
Wanderley Loconte

© Copyright 2003.
Ícone Editora Ltda

Projeto editorial e edição de texto
Wanderley Loconte

Revisão e preparação de originais
Marcus Macsoda Facciollo

Diagramação
Andréa Magalhães da Silva

Proibida a reprodução total ou parcial desta obra,
de qualquer forma ou meio eletrônico, mecânico,
inclusive através de processos xerográficos,
sem permissão expressa do editor
(Lei nº 9.610/98).

Todos os direitos reservados pela
ÍCONE EDITORA LTDA.
Rua das Palmeiras, 213 – Sta. Cecília
CEP 01226-010 – São Paulo – SP
Tel./Fax.: (11) 3666-3095
www.iconelivraria.com.br
editora@editoraicone.com.br
edicone@bol.com.br

Aos meus filhos, Guilherme e Mauro,
e, com muito carinho,
aos alunos da PUC-SP,
do curso de graduação e *lato-sensu*
em História.

ÍNDICE

Vida e obra, 9

Época e pensamento, 25

Temas, 79
Silva Jardim e a política, 82
Silva Jardim e a questão social, 104
Silva Jardim e o abolicionismo, 112
Silva Jardim e o racismo, 116
Silva Jardim e a economia, 120

Bibliografia, 127

Vida e obra

"... é a república que é mister proclamar,
é o governo republicano que é urgente,
muito urgente, instituir.
Que mais devemos esperar?"

Silva Jardim

Antônio da Silva Jardim nasceu na cidade de Capivari, no estado do Rio de Janeiro, em 18 de agosto de 1860. Contava com apenas dez anos de idade quando da fundação do Partido Republicano e da difusão mais sistemática, ampla e ativa das idéias republicanas em nosso País. Como é lícito supor, a primeira fase de sua educação já se fez sob a influência das novas idéias, que, condenando a escravidão e o Império, propunham a república como forma de organização política mais adequada para o Brasil. O País se modificava rapidamente, com um desenvolvimento mais eficiente do capitalismo, e a sociedade brasileira transformava-se, expressando novos anseios econômicos, políticos e culturais.

Silva Jardim iniciou os seus estudos com o pai, modesto professor, que mantinha um curso primário em Capivari. Além de professor de primeiras letras na região, o pai era pequeno agricultor na baixada fluminense. Filho de família simples, de poucos recursos materiais, revelaria Silva Jardim em carta íntima: "Vim pobre ao mundo, sem o cunho dos privilegiados da fortuna...". Em outra ocasião, atestaria suas enormes dificuldades para prosseguir os estudos, secundários e superiores: "Matricular-se significa estudar. Para muitos isto é bastante. Para mim ainda falta um *quid*: ganhar dinheiro para estudar" (Maurício Vinhas de Queiroz, *Paixão e morte de Silva Jardim*, pág. 35).

Silva Jardim foi um garoto doentio (aos dois anos de idade teve febres palustres, que quase o mataram), mas sempre excepcionalmente inteligente e precoce nos estudos.

Cresceu descalço como qualquer filho de escravos e de pobres da roça, passando as mesmas privações e brincando do mesmo jeito. Com uma infância igual a de tantos outros humildes da sua época, destacou-se ao aprender a ler e a escrever aos quatro anos e meio de idade, escondido do pai. Na escola da vila, aos onze anos, fez prova pública de primeiras letras, sendo aprovado. Passou, então, a auxiliar o pai nos trabalhos didáticos, encarregado da disciplina das aulas. Os biógrafos nos contam que, quando seu pai caiu doente por uma semana, o garoto substituiu-o em tudo. O inspetor escolar ficou maravilhado com sua desenvoltura: um menino de apenas onze anos de idade, magricela e pequenino, tomava conta de uma classe como um adulto.

Religioso, aos doze anos foi coroinha, quase um beato. Chegou a pensar no sacerdócio como carreira e vocação, mas, à medida que crescia, afastou-se da Igreja e das práticas religiosas.

Em 1873, foi para Niterói fazer os estudos secundários. Ali contraiu varíola benigna, que lhe deixou marcas no rosto por toda a vida. Após a cura, retomou os estudos no colégio secundário Silva Pontes, e em 1874, aos catorze anos, transferiu-se para o Mosteiro de São Bento, no Rio de Janeiro. Não demorou muito para conseguir um destaque na turma, tornando-se redator chefe do jornalzinho dos alunos, *O labarum literário*.

No ano de 1875, encontramos Silva Jardim em outra escola, o Externato Jasper. Nesse período experimentou vários conflitos íntimos, pois tinha consciência do sacrifício que o pai fazia para mantê-lo estudando. Nessa fase, o rapaz chegou até mesmo a pensar em abandonar os estudos. Para ajudar no orçamento, passou então a dar aulas particulares para um menino rico; depois, empregou-se no comércio, para, em seguida, trabalhar com um ex-professor, Jasper Harben, com quem fazia trabalhos com o idioma inglês. Com esse último emprego pôde voltar a estudar, mantendo-se até à conclusão do curso secundário. Data dessa época a manifestação de seu interesse pela política.

Em março de 1878 mudou-se para São Paulo, onde inscreveu-se no curso de Direito do Largo São Francisco, sendo calouro com dezoito anos incompletos. Apesar da vida difícil, teve grande alegria e prazer com o Direito e o estudo das leis. Para um jovem vindo de uma área pobre da baixada fluminense, o ingresso na tradicional Faculdade de Direito do Largo de São Francisco representou uma grande honra e um atestado eloqüente de suas capacidades e esforços pessoais.

O círculo de sua vida se ampliou decisivamente com a mudança para São Paulo. Nessa fase, quis sobressair-se intelectualmente, ganhar popularidade. Estreou no jornalismo acadêmico da capital paulista, vivendo em uma "república" na rua Santo Amaro por longo tempo. Para sempre recordará a rua e aqueles tempos de estudante de Direito. Conheceu Valentim Magalhães e com ele escreveu a obra *Idéias de moço*. No meio acadêmico teve inúmeros conflitos de ordem política e científica, e acabou não conseguindo a esperada liderança naquele ambiente estudantil, literário e boêmio. Ainda por essa época, escreveu a obra *Crítica de escada abaixo*, mas com o tempo e o insucesso abandonou as aventuras da crítica literária.

Desde os tempos de estudante de Direito já expunha as suas idéias republicanas em jornais. Um de seus maiores amigos, Valentim Magalhães, também fluminense e companheiro de todas as horas, atesta a precoce vocação republicana de Silva Jardim.

Valentim Magalhães havia sido companheiro de estudos nos mesmos colégios, nas repúblicas de estudantes, sócio nas lutas que os envolveram na capital paulista e seu depoimento foi privilegiado numa obra sobre Silva Jardim dirigida pelo ensaísta Barbosa Lima Sobrinho. Este autor mostra que os dois jovens estavam irmanados nos mesmos sonhos literários e políticos, acentuando Magalhães o idealismo do amigo e a importância de sua ação para a causa republicana: "Silva Jardim significa república; mas república imediata, com flores ou com sangue, em nome da Paz, do Progresso e da Liberdade. Os serviços de Silva Jardim à república só podem ser comparados aos de José do Patrocínio à Abolição" (Barbosa Lima Sobrinho (org.) – *Antônio da Silva Jardim – propaganda republicana* (1888-1889), pág. 15-16).

No primeiro ano da faculdade conheceu seu grande amor e futura esposa, Ana Margarida de Andrada, filha do conselheiro Martim Francisco de Andrada, professor de Direito no Largo de São Francisco. Através de seu futuro sogro conheceu Inglês de Souza, diretor da *Tribuna Liberal*, em que trabalhou um tempo. Publicou depois um jornal diário, *Comédia*, com Valentim Magalhães. Dessa época data sua amizade com José Leão. Trabalhou com ele em sociedades secretas, organizando, na prática, a fuga em massa de negros. Nessa fase, Silva Jardim também participou da "Loja Americana" dirigida por Luís Gama, um dos líderes dos *caifazes* e responsável pela libertação de centenas de escravos. Estudiosos do grupo dos caifazes apontam o caráter subversivo de sua ação, que colocava a luta abolicionista fora da esfera legal. Embora não abandonassem os recursos jurídicos para libertar os escravos, estimulavam a fuga dos mesmos, privilegiando formas "subterrâneas" de resistência e oposição à escravidão em São Paulo. Em geral, apontam-se dois momentos distintos na ação dos caifazes: de 1882 a 1887 mesclavam-se as libertações por vias legais às atividades ilegais de incitação e auxílio a fugas de escravos, concentrando-se o trabalho do grupo no meio urbano; a partir de 1887 e até 1888 abandonam-se completamente os procedimentos legais, intensificando-se a luta no meio rural, o que implicou a desorganização estratégica do trabalho cativo no campo. Sucedendo Luís Gama na chefia do movimento libertador da província, Antônio Bento, fundador do jornal *Redenção*, é considerado o organizador do grupo dos caifazes, irmanado nos mesmos ideais.

A vida pessoal de Silva Jardim ia bastante bem nos inícios da década de 1880. Havia começado a trabalhar na escola de ensino normal e secundário de Inglês de Souza, conseguindo realizar suas primeiras poupanças e ajudando sua família de origem.

Em 1881 abraçou o positivismo, afastando-se das atividades políticas. Cresceu intelectualmente nesse período nos estudos, pois conseguiu sistematizar seus conhecimentos em Ciências, História e Filosofia. Adquiriu igualmente cultura e disciplina mental. Seu amigo Valentim Magalhães atestou seu significativo progresso nas humanidades. Sua carreira de professor transcorria com sucesso e suas atividades na Escola Normal ampliavam-se.

Em 1º de dezembro de 1882 formou-se em Ciências Jurídicas e Sociais. Exultante, formado em Direito aos vinte e dois anos, afirmou em um encontro com o pai: "Vosmecê queria um bacharel, pois aqui o tem!".

No dia 1º de maio do ano seguinte casou-se com Ana Margarida e o seu casamento sempre esteve associado à sua felicidade pessoal. Diversas vezes Silva Jardim referiu-se à ventura conjugal, às qualidades de sua esposa e ao êxito afetivo da união de ambos. Segundo seu testemunho incisivo, o casamento havia sido: "o passo mais decisivo e grave de minha vida" (Maurício Vinhas de Queiroz, *Uma garganta e alguns níqueis*, pág. 105). O êxito profissional como professor e advogado acompanhava as alegrias amorosas. Pela primeira vez em sua vida desfrutava de certa "largueza" econômica.

Em 31 de dezembro de 1884 nasceu seu primeiro filho, que recebeu seu nome. Neste mesmo ano, fundou com

João Kopke um estabelecimento de ensino primário, a Escola Neutralidade. Desse período até sua mudança para Santos, Silva Jardim atravessou uma fase difícil e até mesmo inexplicável do ponto de vista político. Nessa etapa reacionária, chegou a votar no sogro, monarquista convicto, e no Partido Liberal. Nunca conseguiu justificar de modo satisfatório esse seu comportamento político. Tais tropeços reacionários foram, entretanto, passageiros.

Mudou-se em 1885 para Santos, após desentendimentos com João Kopke e após as mortes de seu sogro, de sua filhinha Clotilde (recém-nascida) e de um cunhado. Em Santos, passou a advogar e fundou uma escola particular de ensino primário e secundário à qual, por um tempo, dedicou-se de corpo e alma. Morava na mesma casa que o cunhado, Martim Francisco Júnior, e, com ele, dividia o escritório de advocacia situado nessa mesma cidade.

Ainda em Santos, conviveu com advogados e intelectuais revolucionários, com pequenos comerciantes, com artesãos, estivadores e libertos, visitando os quilombos que eram o refúgio e a cidadela dos negros de toda a província. Embora não sejam precisas, as fontes consultadas referem-se, possivelmente, ao quilombo do Jabaquara, o maior e mais importante foco de resistência negra em São Paulo: localizado próximo à Vila Matias, no Mont-Serrat, afastado do centro de Santos e em lugar de difícil acesso, chegou a abrigar mais de dez mil negros. No dizer de um estudioso, Silva Jardim "voltou ao seu caminho e retemperou o espírito".

A escola de sua propriedade obteve sucesso, mas ele a vendeu em 1886, pois buscava mundos mais amplos. Nesse tempo, rompeu com o Positivismo e assim partiu, definitivamente, para a vida política.

Entrou no Clube Republicano de Santos, com a condição de que ali se teria uma cor política acentuadamente abolicionista. Quase tão abolicionista quanto republicano, nunca abandonou a causa da libertação dos escravos. Intransigente nesse aspecto, jamais se igualou a certos membros do Partido Republicano, que aliavam a propriedade de inúmeros escravos às suas idéias progressistas.

Foi ativista nas sociedades secretas que lutavam pela Abolição e davam fuga aos escravos; advogado, defendeu causas em favor de negros; como militante do Partido Republicano, sempre se bateu para que este levantasse o estandarte do abolicionismo.

Silva Jardim saudou a Abolição com imenso júbilo. Político pragmático, reuniu-se à massa dos libertos na grande festa do dia 13 de maio de 1888 no antigo quilombo do Jabaquara. Como se fora poeta, fez versos que foram cantados pelos negros no auge da alegria; conduziu a multidão ululante e, perante ela, da sacada do Clube Republicano de Santos, discursou de tal modo que aqueles festejos ali terminaram com um clamor: "Viva a república !" (Maurício Vinhas de Queiroz, *Paixão e morte...*, pág. 10).

Em 1887 já fazia conferências em prol da república, havendo conhecido notáveis figuras republicanas como Campos Sales e Quintino Bocaiúva. Com vinte e sete anos, portanto, Silva Jardim entrava em uma fase absolutamente nova de sua vida. Segundo Maurício Vinhas: "... partiria pelo Brasil afora, na sua longa viagem de agitador e propagandista da república – homem de lutas populares, enérgico e consciente como poucos tivera então a nossa Pátria" (idem, idem, pág. 56).

Várias são as razões que têm sido apontadas para o sucesso de Silva Jardim como propagandista: excelente oratória, experiência no apostolado positivista, prática no magistério e, sobretudo, grande inspiração, que lhe vinha do contato profundo, regular e contínuo com o povo e as suas aspirações. Considerado um agente eficiente na semeadura do ideal republicano, afirmou-se dele que "Por onde passou deixou o germe revolucionário. A agitação crescia e os clubes se organizavam em toda parte" (idem, idem, pág. 12-13).

Jornalista desde os tempos de estudante, advogado em Santos, fez conferências republicanas em inúmeras cidades do interior paulista, sempre custeando as despesas de propaganda com seus próprios recursos. Um cronista relatou um episódio significativo de sua vida nesse período. Tendo recebido 500$000 de honorários pelo seu trabalho como advogado na cidade santista, disse Silva Jardim à esposa, ao cunhado e amigos: "Com esse dinheiro vou derrubar a monarquia !" (*Novo dicionário de História do Brasil*, pág. 557).

Foram inúmeros os discursos, opúsculos, manifestos e artigos elaborados pelo propagandista republicano, principalmente entre 1888 e 1889. Identificava perfeitamente pensamento e ação no curso da propaganda, sendo este um de seus inegáveis méritos.

Atacando violentamente a monarquia e a família imperial, Silva Jardim, entre outros, projetava sobre a monarquia brasileira os mesmos vícios do *Ancien Régime* francês, apesar das diferenças entre as duas realidades. Como membro e líder da ala radical, "jacobina", do Partido Republicano, via no Império brasileiro, por exemplo, a desigualdade, o privilégio, o atraso, a corrupção como aspectos fundamentais do regime político que era necessário derrubar, em nome do progresso nacional e dos ideais de modernidade, presentes no final do século XIX em todo o mundo ocidental.

Um dos discursos mais inflamados de Silva Jardim foi o que pronunciou em 30 de dezembro de 1888, na Sociedade Francesa de Ginástica, no Rio de Janeiro, quando atacou violentamente a família imperial. Os monarquistas revidaram, através de sua Guarda Negra, investindo contra a sede dessa instituição, na tentativa de dissolver a assembléia.

A reação foi dura: no primeiro plano, operários liderados pelo negro republicano Anacleto de Freitas opuseram resistência e a luta assumiu caráter violento, com tiros, mortos e feridos, tanto na Guarda Negra quanto entre os republicanos. Organizada por José do Patrocínio e composta por setores anti-republicanos da população negra, a Guarda Negra notabilizou-se por sua ação contundente contra os propagandistas, expressa em muitos incidentes e confrontos diretos. Esse embate contra Silva Jardim e os republicanos em dezembro de 1888 foi o mais sério de todos, pois resultou em perdas trágicas para ambos os lados.

Silva Jardim não abandonou seu lugar. Deixou sobre isso um relato pessoal impressionante: "Conservei-me de pé, na tribuna, protestando não me retirar dali... Tirei o meu revólver e dispus-me a defender com a vida a liberdade de pensamento. Ali fiquei para bem simbolizar esse direito; era ali que devia morrer, ou continuar a falar" (Maurício Vinhas de Queiroz, *Paixão e morte*..., pág. 16). Repelidos os "assaltantes", Silva Jardim terminou seu discurso, voltando para sua casa (na época já morava na cidade do Rio de Janeiro) em Santa Teresa, de bonde, sozinho, altas horas da noite. Havia recusado a proteção policial, indignado com a conivência das autoridades com os monarquistas.

Aliás, foram freqüentes os embates entre republicanos (civis e militares) e as forças militares do Império nos últimos anos do regime monárquico: a Guarda Nacional, a Guarda Negra e a polícia perseguiram os abolicionistas e republicanos, constituindo importante instrumento de defesa da monarquia.

No interior da família real uma figura era particularmente odiada no meio republicano radical: o conde d'Eu, francês de origem, príncipe consorte da herdeira do trono, a princesa Isabel. Chegou-se mesmo a pedir a morte do conde, bem ao estilo dos revolucionários franceses de 1789. Célebres ficaram também os ataques pessoais de Silva Jardim ao conde D'Eu: tendo este embarcado para o Norte do Brasil, em junho de 1889, em viagem de serviço à monarquia, encontrou o jovem e ardente republicano a bordo, que o atacou durante toda a travessia. Segundo versões de cronistas republicanos, Silva Jardim, que viajava com o intuito de promover a propaganda republicana, recebeu por toda parte os aplausos que o povo negava ao príncipe.

Engajado cotidianamente no ofício de transformar o Brasil numa república moderna, Silva Jardim foi, na opinião quase unânime de contemporâneos e historiadores da república, o mais desprendido, o mais combativo e o mais importante dos propagandistas do novo regime no País.

Depois do êxito de suas primeiras excursões políticas pela província de São Paulo e pelo Brasil, Silva Jardim mudou-se com a família para a capital do País: "Assestar baterias diante de São Cristóvão", conforme confessou a um amigo (idem, idem, pág. 14).

Na verdade, Silva Jardim já havia se tornado um nome de projeção nacional e, do ponto de vista político, o Rio de Janeiro convinha mais como centro irradiador de sua ação de propaganda para a causa da república. No Rio, Silva Jardim montou seu escritório de advocacia, mas seu maior tempo era dedicado à política. Seus feitos eram espalhados pelo telégrafo e comentados por toda a imprensa e ele se relacionava com todas as personalidades e círculos republicanos. Tinha estreitas e constantes relações com jovens estudantes, com os comerciários, com a gente da Liga Operária, identificando-se ainda com o grupo dos "desertores", isto é, positivistas que haviam rompido com a ortodoxia de Comte, homens de ampla cultura e atitude radical. Expressava suas idéias no órgão *Grito do povo*, dessa corrente mencionada, bem como nos jornais *O país*, a *Gazeta de notícias*, o *Mequetrefe*, a

Cidade do Rio, a *Gazeta da tarde*. Seu estilo era irônico e enfático; quando D. Pedro II regressou da Europa, depois de longa viagem para tratamento de saúde, Silva Jardim realizou uma conferência ironicamente denominada "A chegada do imperador e a partida do Império..." (idem, idem, pág. 15).

Parecia então que Silva Jardim ocuparia um dos mais importantes cargos no futuro regime republicano, mas foi outra a história, foi outro o curso dos acontecimentos. No interior do Partido Republicano, Silva Jardim liderava a corrente Radical, muito à frente de seu tempo, colocando-se contra uma outra e majoritária corrente, conhecida como Evolucionista. Nas disputas políticas internas, a despeito do seu sucesso junto a vários correligionários, Silva Jardim perdeu diante das teses de Quintino Bocaiúva, eleito presidente nacional do Partido Republicano e líder evolucionista para a instalação da república no País. A partir de maio de 1889, as diferenças entre radicais e evolucionistas se acentuaram, pois o Congresso Nacional do Partido Republicano realizado nessa data alijou politicamente os radicais até a proclamação do novo regime.

Apesar de continuar com sua militância contra o Império, Silva Jardim, por pressão de Quintino Bocaiúva, que não o queria participando dos acontecimentos, sequer foi avisado da hora exata do levante do dia 15 de novembro de 1889, fruto da conspiração de militares e civis republicanos empenhados na derrubada do regime monárquico.

Afastado da direção dos eventos, Silva Jardim, entretanto, comemorou a República recém-instalada e colaborou vivamente para o seu sucesso, mesmo tendo sido colocado em plano secundário na comissão encarregada de elaborar o estatuto eleitoral, que regeu a escolha dos novos constituintes incumbidos de escrever a primeira constituição republicana do Brasil.

As eleições ocorreram em 15 de setembro de 1890, mas Silva Jardim foi candidato derrotado, o que constituiu para ele tremendo choque. Retirou-se para a vida privada, pedindo demissão do diretório do Partido Republicano. Em 2 de outubro de 1890, escreveu um manifesto dirigido ao Partido Republicano do estado do Rio de Janeiro, examinando os resultados da primeira eleição do novo regime. Havendo planejado viagem à Europa, embarcou com a família em novembro do mesmo ano. Fixando-se em Paris, com a esposa e o filho mais velho, conheceu vários países europeus e teve a satisfação de receber do Rio de Janeiro um abaixo-assinado com mais de 3.000 assinaturas pedindo a sua volta.

Silva Jardim, entretanto, jamais retornaria ao Brasil. Em uma visita a Nápoles, quis escalar o Vesúvio e examinar de perto a cratera imensa; descuidando-se, nela caiu, desaparecendo para sempre. Falecia em solo estrangeiro, em 1º de julho de 1891, com apenas 30 anos, o notável republicano. Pelo caráter inusitado de sua trágica morte, circularam boatos de que, desiludido com a República, Silva Jardim teria posto fim à própria vida, cometendo suicídio. Entretanto, biógrafos e estudiosos de sua vida e obra têm reiterado, com evidências históricas contundentes, a natureza acidental de seu falecimento. As testemunhas oculares do drama, o companheiro de excursão e compatriota, Joaquim Carneiro de Mendonça, e o guia, afirmaram às autoridades que Silva Jardim não atendeu às observações deste último, avançando perigosamente para junto da cratera. Relatou seu amigo Carneiro de Mendonça, logo após os acontecimentos: "Depois de termos visitado Pompéia, nos veio o desejo de fazer a ascensão ao Vesúvio. Jardim recusou terminantemente se utilizar do funicular, preferindo a viatura. Partimos às 3 horas da tarde e, precedidos de um guia, remontamos o vulcão. Jardim pressentiu o perigo que corríamos e disse: 'Se o vulcão entrasse em erupção, o que seria de nós?'. Meu desgraçado amigo queria a toda força se aproximar da cratera; eram sete horas da noite. De repente, eu senti sob meus pés uma forte explosão e gritei : a terra treme, fujamos! Já eu fugia e não ouvi a resposta do meu amigo. A terra abriu-se na minha frente e foi o guia que me deu a mão para transpor a fenda. Gritei ao meu amigo então; bradei fortemente o seu nome. Em vão. Uma coluna de fogo indicava o abismo onde ele tinha caído. Não o vi mais, e o guia afirma tê-lo visto recuar para o nosso lado, levando as mãos aos ouvidos. Era o dia 1º de julho de 1891" (João Dornas Filho, *Silva Jardim*, pág. 160).

O corpo de Silva Jardim não foi encontrado, mas na Europa e, principalmente, no Brasil as homenagens a esse líder republicano foram emocionadas e numerosas. A imprensa se encheu de comovidos necrológios em que sua personalidade era lembrada com admiração e saudade. No parlamento brasileiro, nas duas casas do Congresso, Câmara dos Deputados e Senado, a voz de vários oradores se ergueu, chorando a perda irreparável que a pátria acabava de sofrer. Os poderes republicanos garantiram para a família de Silva Jardim uma pensão permanente, como retribuição diminuta para os "colossais serviços prestados por esse grande vulto". A insuspeita voz de Quintino Bocaiúva, seu oponente político nos momentos que antecederam a República no país, elevava-se, entre inúmeras outras: "A Nação inteira registra nos mais gloriosos anais das datas republicanas a intrepidez, a dedicação, o sincero amor à causa da república, de que tantas e tão assinaladas provas deu o Dr. Antônio da Silva Jardim". Prosseguindo, afirmava que em nome do respeito e da veneração que devia inspirar a sua memória, que tinha a honra de apresentar um requerimento para que a seguinte declaração constasse na ata dos trabalhos do Senado: "O

Senado Federal dos Estados Unidos do Brasil recebeu com profunda mágoa a notícia do desastroso evento que pôs termo prematuro à existência do Dr. Antônio da Silva Jardim, cujos relevantes serviços à Pátria e à república recomendam a sua memória à estima e gratidão nacional" (*op. cit.*, pág. 183-184).

Época e pensamento

"A República, como diz a palavra, é a coisa pública, de todos, é o governo do público, dos que vivem numa mesma época, o regime do bem público."

Silva Jardim

Para conseguirmos analisar o contexto em que viveu, agiu e pensou Silva Jardim, é necessário que recuemos um pouco em nossa história. Apesar de ter se tornado um país independente em 1822, o Brasil manteve quase que intacta a sua estrutura colonial de produção até 1850. Livre e autônomo do ponto de vista político, o recém-criado Estado nacional preservou, em linhas gerais, até essa data, as mesmas estruturas econômicas e sociais que havia desenvolvido durante quase trezentos anos, ao longo dos quais não passou de um prolongamento de Portugal, sua metrópole.

Entretanto, dois acontecimentos importantes ocorridos no ano de 1850 ocasionaram uma crise no esquema econômico colonial, mantido até então: a Lei Eusébio de Queiroz, que previa a extinção do tráfico negreiro para o Brasil, e a Lei de Terras, que estabelecia os parâmetros iniciais de um uso capitalista da terra. Com a proibição da entrada de novos escravos, esses tornaram-se cada vez mais raros e, portanto, mais caros, o que colocava em cheque as relações sociais de produção baseadas principalmente na escravidão, adotadas até aquele momento. Por outro lado, a Lei de Terras instituía a propriedade jurídica da terra, sancionando seu uso como mercadoria. Uma série de mudanças passaram a acontecer em nossa formação social e o país entrou numa nova fase capitalista.

A imigração

A historiografia estabelece, de maneira consensual, a década de 1870 como marco importante na história brasileira contemporânea: nesse período, o café, principal riqueza nacional, deslocava-se geográfica e economicamente do vale do Paraíba, fluminense e paulista, em direção ao Oeste "novo" paulista, onde sua produção e comercialização passaram a ser feitas em moldes capitalistas. A economia cafeeira do Oeste paulista passou a obter lucros nunca antes alcançados com o produto. Como suas características essenciais, pode-se apontar: o uso da mão-de-obra livre em substituição ao trabalho escravo, a modernização da produção e do sistema de transporte na região, o crescimento industrial, a urbanização, a ampliação do mercado interno e a emergência de uma nova mentalidade empresarial entre os fazendeiros locais de café. A fonte de trabalhadores livres residia, sobretudo, na imigração européia, fenômeno social que se intensificou nas décadas de 1870 e 1880 em todo o País, mas principalmente em São Paulo. Esses trabalhadores europeus vinham de países como Espanha, Portugal e Itália, áreas pobres, de onde os seus habitantes saíam fugindo da fome e da miséria, para países como Argentina, Estados Unidos e Brasil, economias em expansão no continente americano. Tais imigrantes possibilitaram a formação de um mercado de trabalho e de consumo, uma vez que constituíam força de trabalho livre para a lavoura de café e consumidores de bens, que podiam comprar mercadorias com os salários recebidos.

Modernização e novos personagens

Embora as transformações socioeconômicas fossem mais intensas e rápidas no eixo São Paulo-Rio de Janeiro, também ocorreram em outras regiões do país. Pode-se afirmar, assim, que o Brasil já apresentava uma feição capitalista em torno das décadas de 1870 e 1880: as ferrovias substituíam os meios de transporte tradicionais (ao findar o Império, o país possuía cerca de 9.000 quilômetros de estradas de ferro) e a produção modernizava-se, introduziram-se novas tecnologias na produção do café do Oeste "novo" paulista e no fabrico de açúcar no Nordeste, onde as usinas e novos engenhos distinguiam-se dos banguês pela modernidade de suas instalações, o que implicou maior produtividade. O número de indústrias cresceu, incrementando-se a atividade industrial. Prova disso é que em 1874 contava-se com uma quantia de 175 estabelecimentos industriais; dez anos depois, já existiam mais de seiscentas unidades fabris. Os organismos de crédito multiplicaram-se, agilizando tanto o financiamento da produção quanto o da comercialização, e em algumas áreas o processo de urbanização tornou-se significativo. De modo geral, o mercado interno estruturou-se e ampliou-se (Emília Viotti da Costa, *Da monarquia à república: momentos decisivos*, pág. 304-305).

As estruturas básicas do país mudavam e também modificava-se a sociedade brasileira, que desenvolvia novos anseios socioeconômicos e políticos. Ao lado dos grupos tradicionais, novos grupos sociais apareciam. Se as elites agrárias escravistas eram a base do poder monárquico, esses novos grupos (fazendeiros "empresários" paulistas, setor industrial da burguesia, comerciantes, camadas médias e proletariado urbano industrial) expressavam um desejo cada vez maior de participar do poder. Pode-se dizer que criavam-se no Brasil contradições entre o poder econômico e o poder político.

A Monarquia assentava-se sobre uma elite agrária, proprietária de escravos, proveniente, sobretudo, do vale do Paraíba e do Nordeste, que não dispunha mais do controle sobre a vida econômica da nação. O poder econômico, por outro lado, estava nas mãos da burguesia cafeeira paulista, que ampliava seus negócios nos setores comercial, urbano, financeiro e industrial, tornando-se um dos principais agentes do desenvolvimento capitalista no país. Havia uma estranha equação nas décadas finais do século XIX: quem dispunha de poder econômico estava afastado do governo da nação e alijado do poder político, ao passo que os detentores do poder político e sustentáculo do Império experimentavam a decadência econômica, sem contribuir para a riqueza nacional. As instituições políticas e jurídicas existentes no país já não correspondiam às necessidades de um sistema capitalista em expansão, que criava novas estruturas econômico-sociais e demandava mudanças político-culturais. Dessa forma, a abolição da escravidão e a instalação do regime republicano no Brasil corresponderam, nos planos jurídico e político institucional, às transformações que ocorriam na base da sociedade. Foram, em síntese, os sintomas políticos e culturais do desenvolvimento capitalista brasileiro (*op. cit.*, pág. 309-311).

Partido Republicano

O Partido Republicano foi criado nesse contexto de profundas transformações do tecido social e político da nação brasileira.

O Partido Liberal, uma das duas agremiações políticas mais importantes, que alternara o poder com o Partido Conservador ao longo de todo o Segundo Império no Brasil, havia entrado em crise. Por ocasião da queda do gabinete Zacarias de Góes, um liberal, em 1868, desencadeou-se uma disputa no interior dos quadros do Partido Liberal, que cindiu-se em duas alas: a dos radicais e a dos moderados. Não foi possível uma conciliação política e a maioria dos radicais evoluiu para as idéias republicanas, constituindo um novo partido. Surgiu primeiramente o Partido Republicano do Rio de Janeiro, seguindo-se, quase de imediato, a formação do núcleo republicano de São Paulo.

Na Primeira Convenção Republicana, realizada em Itu, cidade do interior paulista, em 1873, uma maioria de 76 participantes, entre os 133 membros inscritos, era de fazendeiros, que pretendiam a transformação do Brasil em uma república federativa. No ideal republicano, sempre esteve presente a idéia da federação, pois se almejava, antes de tudo, uma maior autonomia econômica e política para as diversas províncias brasileiras. Principalmente no Rio de Janeiro, em São Paulo, em Minas Gerais e no Rio Grande do Sul desenvolveram-se fortes núcleos partidários republicanos, entre 1870 e 1889, uma vez que contribuíam especialmente para a riqueza nacional, sem receber uma contrapartida correspondente em termos políticos. Lutaram particularmente para que as províncias obtivessem independência administrativa e política para gerir seus recursos econômicos.

Emília Viotti da Costa, uma das mais conceituadas historiadoras de nosso país, alerta para a progressão e disseminação impressionantes do ideal republicano no Brasil depois da formação do Partido Republicano, em 1870: "De 1870 até 1889, o Partido Republicano ampliou sua influência. Criaram-se clubes republicanos em várias regiões. Surgiram jornais republicanos por todo o país. Concentravam-se de preferência no Sul. Fazendo uma análise da distribuição dos clubes e jornais republicanos existentes no país, às vésperas de 1889, Oliveira Viana demonstrou que 73% dos jornais e 89% dos clubes localizavam-se nas províncias do sul, principalmente São Paulo, Rio de Janeiro e Rio Grande do Sul" (idem, idem, pág. 317).

Essa concentração da atividade republicana no sul do país explicava-se, em grande parte, pelo fato da região ser o eixo econômico do país, o pólo dinâmico de novas atividades, e, portanto, das novas aspirações que surgiam na formação social brasileira. Entretanto, ainda que o pensamento republicano e a sua propaganda fossem maiores nas áreas meridionais, o Partido Republicano era um partido de âmbito nacional, com sedes e núcleos espalhados por todo o território nacional.

Os republicanos

As idéias republicanas eram antigas entre nós: desde o período colonial a república esteve associada às lutas pela independência nacional da metrópole portuguesa e, posteriormente, após 1822, quando o Brasil conquista sua emancipação política, expressaram o descontentamento com a situação vigente.

Na Inconfidência Mineira (1789), por exemplo, o líder José Álvares Maciel defendia a implantação de uma República; na Conjuração Baiana (1798), um dos objetivos explicitados também era a proclamação da República. Nas diversas revoltas ocorridas durante o Período Regencial (1831 a 1840), como a Cabanagem, por exemplo, também existiram propostas vinculadas ao ideário republicano.

Porém, os ideais de um regime republicano e federativo para o país só tomaram maior impulso com a fundação do Partido Republicano, em 1870. Afirma-se mesmo que aqui o republicanismo pode ser dividido em duas fases bastante distintas: a do **republicanismo utópico**, do período colonial até 1870, e a do **republicanismo ativo** em que as práticas tornaram-se mais efetivas, de 1870 até à Proclamação da República, em 1889.

Quem eram os componentes do Partido Republicano? Qual a base social do novo partido que passava a atuar com vigor no cenário político da nação?

No Rio de Janeiro e nas demais províncias do País, com a exceção de São Paulo, a grande maioria dos militantes provinha do meio urbano. Eram representantes das camadas médias urbanas, que almejavam um maior espaço de participação econômica e social, bem como uma esfera ampliada de atuação e representação políticas, mais condizentes com seu grupo social, em consolidação e ampliação devido aos processos mais intensos de urbanização e crescimento industrial. Em São Paulo, a situação diferia, pois, como afirma Emília Viotti, o Partido Republicano "congregava não só representantes dos grupos urbanos, médicos, engenheiros, advogados, jornalistas, comerciantes, que constituíam em geral o núcleo mais importante do partido em outras regiões do País, como também numerosos fazendeiros do oeste paulista" (idem, ibidem).

Os fazendeiros paulistas constituíam, como se afirmou anteriormente, um grupo rural com características diferentes da maioria dos proprietários agrários das outras regiões brasileiras, mais rotineiras e conservadoras. Representavam o pioneirismo da região que se convertera na área mais rica do país, cujo desenvolvimento econômico favorecia empreendimentos de natureza empresarial, possibilitando inovações e experiências e tornando mais fácil a adesão às novas idéias. Para os fazendeiros paulistas, o ideal republicano era uma forma de conquistar o poder político, que impulsionaria os seus negócios. Com a República, contavam controlar o poder de modo mais eficiente, garantindo a supremacia dos interesses do café.

Os vários estudiosos da República no Brasil têm enfatizado o espírito progressista da burguesia cafeeira paulista, apontando as suas muitas iniciativas: aperfeiçoamento contínuo dos métodos de beneficiamento do café, substituição do escravo pelo imigrante, criação de organismos de crédito e subscrição de capitais para aumento da rede ferroviária, entre outros empreendimentos.

Companhias de estradas de ferro, como a Paulista, a Sorocabana e a Mogiana, foram organizadas pelo capital cafeeiro brasileiro. Seus principais acionistas eram os próprios grandes fazendeiros. No caso da Paulista, os fazendeiros de Campinas, Rio Claro, Limeira e Araras. A Mogiana tinha como principal acionista, por exemplo, o rei do café de Mogi-Mirim, Queiroz Telles.

É consenso historiográfico o fato de haver sido a burguesia agrária paulista uma das forças responsáveis pelo estabelecimento do regime republicano no país, juntamente com as camadas médias urbanas e o Exército.

O federalismo

No imaginário político republicano, a idéia de federação ocupou um lugar central. O sistema federativo, no entender geral dos políticos republicanos, era o que mais convinha a um país imenso, com notáveis diferenças regionais e muitas contradições. Para os partidários da República, era impossível que um poder centralizado, como o poder imperial, administrasse com competência tantos interesses distintos, conduzindo o país nas sendas do desenvolvimento e progresso. A excessiva centralização constituiria, na verdade, um obstáculo para o desenvolvimento nacional e um entrave para a resolução dos problemas urgentes e prioritários. No contexto do capitalismo vigente no Brasil de então, a idéia federativa adquiriu prestígio crescente. Expressão das diferenças regionais e da longa tradição descentralizadora da vida colonial, o princípio federativo fora derrotado pelo princípio unitário, considerado necessário para preservar a unidade e integridade nacionais após a independência. Entretanto, a idéia federativa não desaparecera e voltava com novo conteúdo político na propaganda republicana.

Face às contradições entre poder econômico e poder político, e diante das transformações estruturais das últimas décadas do século XIX no país, a idéia de uma república federativa ganhava mais adeptos, especialmente depois do Manifesto Republicano de 1870. Este afirmava explicitamente que o regime de federação, baseado na liberdade recíproca das províncias, "Estados próprios unicamente ligados pelo vínculo da nacionalidade e da solidariedade dos grandes interesses de representação e defesa exterior", era o que os republicanos adotavam e passavam a defender. As grandes distâncias no território e as disparidades regionais foram argumentos usados contra a centralização política e administrativa do regime monárquico que, ao mostrar-se insensível a uma realidade diversificada como a brasileira, estimularia inclusive, indiretamente, ideais separatistas. O princípio federativo só se concretizou, no entanto, com o advento da república em 1889.

As idéias abolicionistas, republicanas e federativas não foram as únicas a se propagar pelo território nacional no período. Inúmeras outras, tais como o positivismo, o cientificismo, o socialismo e o anarquismo, penetraram também no país, propiciando uma reviravolta nas mentalidades e nas atitudes. Ensaístas como Sílvio Romero e Evaristo de Morais utilizaram expressões curiosas para designar a multiplicidade e abundância de idéias no universo cultural brasileiro depois de 1870. De acordo com o primeiro, um "bando de idéias novas" cruzava nossas fronteiras, enquanto que, para o segundo, tomava-se "um porre de idéias", tal o volume de pensamentos e informações que então se tornavam disponíveis. A partir de nossas referências históricas e culturais, as idéias vindas da Europa e dos Estados Unidos da América eram adaptadas e redefinidas.

A década de 1870, considerada um momento de renovação geral do País, abriu também a possibilidade da emergência de uma nova geração de intelectuais e políticos, designada como a "geração crítica" dos anos 70. Tal geração contribuiria para a "modernidade" brasileira.

Silva Jardim cresceu sob os signos dessa época crítica e contestante. Participou dos movimentos de sua época e liderou, junto com Lopes Trovão e outros, a corrente radical republicana.

As correntes de pensamento

O Partido Republicano não era uma agremiação uniforme, com idéias e ideais idênticos entre os seus membros. A historiografia sobre a República no Brasil tem discutido os interesses diversos e, até mesmo antagônicos, que vigiam entre os militantes e simpatizantes da causa republicana. A idéia de república, evidentemente, era comum a todos eles, pois interessava, antes de tudo, derrubar a monarquia e instalar um novo regime político no país, que contemplasse as aspirações emergentes com o desenvolvimento capitalista. Entretanto, havia opiniões diferentes sobre os métodos a serem utilizados para a implementação do regime republicano, variando também as proposições sobre os fundamentos e os conteúdos políticos do mesmo.

Para muitos estudiosos do Partido Republicano e de sua ação entre 1870 e 1889, este se caracterizava mais como uma "frente única", não consolidada devidamente, do que um todo partidário coeso e homogêneo. Entre os republicanos e até no interior do Partido Republicano Brasileiro havia correntes de opinião nitidamente diferenciadas: a dos positivistas, a dos oportunistas, a dos liberais e a dos idealistas.

Os **positivistas** propunham uma "ditadura republicana", uma república sociocrática. Segundo José Murilo de Carvalho, os sociocráticos ou positivistas eram inimigos declarados da democracia representativa, característica, para eles, do estado "metafísico" da humanidade, isto é, um estágio ainda "primitivo" da sociedade humana. "Em seu lugar, deveria ser implantada a ditadura republicana, forma de governo inspirada tanto na tradição clássica romana como na figura de Danton dos tempos do Comitê de Salvação Pública da Revolução Francesa. O Congresso, nesse modelo, cumpria apenas papel orçamentário. O ditador republicano governaria por toda a vida e escolheria seu sucessor. A finalidade de tal ditadura era promover a república social, isto é, garantir, de um lado, todas as liberdades espirituais e promover, de outro, a incorporação do proletariado à sociedade mediante a eliminação dos privilégios da burguesia" (José Murilo de Carvalho, *A formação das almas – o imaginário da república no Brasil*, pág. 41).

Essa força não restringia sua ação ao meio civil. Havia também inúmeros adeptos desse tipo de pensamento no interior do Exército brasileiro, que, de forma geral, opunha-se à Monarquia e a D. Pedro II, devido a razões corporativas. Tendo lutado na Guerra do Paraguai e tendo vencido o conflito para o Brasil, os militares do Exército se mostravam particularmente irritados com o desprezo do Império, que não reconhecia os méritos de sua atuação. Após a campanha contra o Paraguai, o Exército nacional não recebeu prestígio nem recursos materiais do regime monárquico, que continuava prestigiando a Armada (Marinha de Guerra) e a Guarda Nacional, as armas imperiais por excelência. A maioria dos militares do Exército era republicana em razão da defesa dos anseios de sua corporação sócio-profissional, isto é, do fortalecimento, da defesa e da consolidação de sua instituição no período. Tinham assim uma visão instrumental de República: pensavam a República para o Exército e não o Exército para a causa da República.

Apesar da maioria dos militares do Exército comungar de uma visão corporativa e militar de República, havia outra ala, minoritária, que defendia teses positivistas, cujo líder era o intelectual, professor e militar Benjamin Constant, responsável pela doutrinação positivista no Clube Militar, na Escola da Praia Vermelha, com inúmeros adeptos entre a oficialidade jovem. Representando posições diferentes, o marechal Deodoro da Fonseca e Benjamin Constant tornaram-se não só figuras prestigiadas no interior das fileiras do Exército, mas também verdadeiros heróis nacionais, "arquitetos" da República no país: o primeiro era o proclamador do regime e, o segundo, seu fundador e mestre.

Exército brasileiro: organizado durante a guerra contra o Paraguai (1864 a 1870), foi vitorioso e passou a criticar a Monarquia e a escravidão. (Soldados do Corpo de Voluntários da Pátria.)

Positivistas civis ou militares incorporavam um certo "messianismo", pois tinham a certeza de seu papel salvacionista quanto à República. No caso brasileiro, civis e militares positivistas pensavam no estabelecimento de uma república "que garantisse a ordem material, entendida como incorporação do proletariado à sociedade, e a liberdade espiritual, isto é, a quebra dos monopólios da Igreja e do Estado sobre a educação, a religião e a ciência" (*op. cit.*, pág. 42). Entre os civis positivistas se pensava realizar tudo isso "pela ação de pessoas que possuíssem treinamento técnico, médicos, engenheiros, matemáticos. Uma vanguarda aguerrida assim composta poderia, segundo eles, operar a grande transformação. Era uma espécie de bolchevismo de classe média..." (idem, ibidem).

A despeito de sua atividade e participação em prol da República, os positivistas tiveram pouca influência na implantação definitiva desse sistema no Brasil. As discordâncias entre eles eram muitas, principalmente quanto aos métodos de ação. Vários positivistas não concordavam em adotar técnicas exclusivas de convencimento político e engajaram-se na luta política aberta, em conspirações e revoltas. Enfrentaram a reprovação das associações positivistas, sendo excomungados pelo Apostolado Positivista. Foram os casos de Silva Jardim, que participou da doutrina positivista por algum tempo, de Benjamin Constant e outros civis, e inclusive de militares que recusaram uma prática republicana apenas teórica.

Os **oportunistas** não tinham um projeto político claro de República: pensavam a política a partir de interesses de grupo e proveitos pessoais. Era a situação, por exemplo, de proprietários de terra que mantinham a escravidão como relação de trabalho em suas fazendas.

Os **republicanos liberais**, por sua vez, pensavam em um modelo de república como o dos Estados Unidos, e, em parte, como o da Terceira República Francesa, instalada justamente em 1870. Essa posição de defesa de uma democracia liberal burguesa era a posição dominante entre os paulistas, o "peso" maior do movimento republicano. Avessos à posição dos militares corporativos, à posição positivista de uma república sociocrática e ditatorial, à visão mesquinha e interesseira dos "oportunistas", propugnavam uma república democrática e representativa à maneira norte-americana. Gostavam particularmente da definição individualista do pacto social presente na concepção norte-americana de república, que evitava o apelo à ampla participação popular na implantação e no governo da república. Como os norte-americanos pensavam o público como a soma dos interesses individuais, os republicanos paulistas encontravam a justificativa ideológica para a defesa de seus interesses particulares na vindoura ordem social republicana.

Como afirmou José Murilo de Carvalho, esse modelo liberal, que acabou prevalecendo com a Proclamação da República no Brasil em 1889, era bastante conveniente aos republicanos de São Paulo, denominados "históricos", juntamente com os primeiros republicanos do Rio de Janeiro: "Convinha-lhes também a ênfase americana na organização do poder, não apenas por estar na tradição do País mas, principalmente, pela preocupação com a ordem social e política, própria de uma classe de ex-senhores de escravos. Convinha-lhes, de modo especial, a solução federalista americana. Para os republicanos de São Paulo, de Minas Gerais e do Rio Grande do Sul, três das principais províncias do Império, o federalismo era talvez o aspecto mais importante que buscavam no novo regime. O sistema bicameral era parte da solução federativa" (idem, idem, pág. 24-25).

Finalmente, havia ainda entre as fileiras republicanas um grupo barulhento de políticos, denominado de **radical**, jacobino, revolucionário ou simplesmente *idealista*, cuja atuação pautava-se pelo engajamento nas causas populares. Esses homens, portadores das bandeiras da Revolução Francesa de 1789, "liberdade, igualdade, fraternidade", tinham um projeto popular para a república a ser construída no Brasil. Os idealistas eram, sobretudo, republicanos abolicionistas, orientados e conduzidos, entre outros, pelo negro Luís Gama, republicano inflamado e abolicionista convicto. Este militante negro fez da abolição da escravatura o principal objetivo de sua vida, fundando o Centro Abolicionista e participando ativamente da organização do Partido Republicano de São Paulo. Soldado da Força Pública, copista, amanuense, escrivão de polícia, jornalista, poeta satírico, orador e advogado provisionado, este ex-escravo defendeu as libertações de seus "irmãos de raça" por meios legais, atuando principalmente nas cidades e influenciando os cativos urbanos. No combate ao escravismo por via legal conquistou vitórias, pois através de "batalhas jurídicas" conseguiu, até 1880, a liberdade para mais de mil indivíduos.

Para os idealistas, a solução liberal ortodoxa não exercia qualquer atração, uma vez que eles não controlavam recursos de poder econômico e social capazes de colocá-los em posição vantajosa num sistema de livre concorrência e livre iniciativa. Membros de um setor da população urbana, formado por pequenos proprietários, pequenos e médios comerciantes, funcionários públicos, profissionais liberais, jornalistas, professores e estudantes, viam o Império como limitador das oportunidades de trabalho, e, portanto, contrário às aspirações do setor médio da sociedade, interessado na melhoria de suas condições econômicas e sociais e na ampliação de sua participação política. Eram mais simpáticos à versão jacobina de república.

O PROCESSO ABOLICIONISTA

A luta pelo fim da escravidão em nosso país foi bastante longa, originando-se na ação dos quilombos, expressão da resistência negra ao cativeiro, ainda no período colonial. Resultado de intenso movimento popular, o abolicionismo figurou nos programas da Conjuração Mineira (embora não tenha se caracterizado como consenso) e da Conjuração Baiana no século XVIII e difundiu-se pela propaganda de idealistas até o século XIX, quando passou a contar com progressivo respaldo legal. Também esteve presente num projeto de José Bonifácio e constou como item no Tratado de Aliança e Amizade firmado entre Inglaterra e Portugal em 1810.

Mas, foi através da imprensa que se discutiu de modo mais incisivo a abolição. Em 1809, por exemplo, através das colunas do "Correio Brasiliense", Hipólito José da Costa propôs medidas para a libertação gradativa dos escravos e a substituição do trabalho cativo pelo livre. As estruturas coloniais da produção foram impermeáveis à ação propagandista da imprensa e só em 1831, com a interferência decidida da Inglaterra, apareceram as primeiras medidas legais contra a escravidão. Dona de extensas plantações de cana nas Antilhas, desde 1817 a Inglaterra combateu o tráfico negreiro para o Brasil, nocivo para os interesses de grupos financeiros ingleses, exercendo fortes pressões sobre as autoridades e o governo de nosso país.

Em 1831 o Governo Regencial promulgou uma lei que declarava livres os escravos que, a partir daquela data, entrassem no Brasil, tendo a mesma sido referendada pelo Padre Feijó. Apesar de sua evidente importância para a causa abolicionista, essa Lei de 1831 praticamente não foi cumprida face aos interesses da elite proprietária de terras e escravos.

As pressões inglesas intensificaram-se com o tempo e culminaram no *Bill Aberdeen*, lei de 1845 que sujeitava aos tribunais britânicos os navios que operavam no tráfico.

Pressionado pela Inglaterra, pela opinião pública e pela luta abolicionista, o ministro da Justiça, Eusébio de Queirós, promulgou em 1850 a lei que proibiu definitivamente o tráfico de escravos africanos para o Brasil. A Lei Eusébio de Queirós provocou sério colapso na estrutura produtiva do país e, a partir de sua promulgação, caminhou-se mais rapidamente para o fim da escravidão em todo o território nacional.

Em 1871 aprovou-se a Lei do Ventre Livre, que declarava livres os filhos de escravas nascidos a partir daquela data. Treze anos depois, o Ceará extinguiu a escravidão em seu território, mantendo com o Amazonas posição de vanguarda em relação ao abolicionismo. Em 1885 foi aprovada a Lei do Sexagenário, que decretava a alforria dos escravos com mais de 65 anos de idade. Embora muito criticada (os liberais disseram que ela livrara os senhores de escravos do fardo financeiro de cuidar dos cativos velhos e doentes), essa importante medida legal agitou os ânimos abolicionistas, que recrudesceram sua ação tanto no plano legal quanto no plano ilegal, favorecendo fugas em massa de escravos e reorganizando extensos e populosos quilombos como, por exemplo, o do Jabaquara.

Ao longo das décadas de 1870 e 1880, inúmeras associações e clubes abolicionistas mobilizaram-se contra a escravidão e concorreram para sua extinção final em 1888 : Sociedade Brasileira Contra a Escravidão, fundada por André Rebouças e patrocinada por Joaquim Nabuco, Confederação Abolicionista, presidida por João Clapp, Clube Abolicionista de Pelotas, Sociedade Abolicionista Maranhense, Sociedade Cearense Libertadora, Comissão Emancipadora de Natal e muitas outras agremiações, além de grupos de abolicionistas militantes como o célebre Caifazes. Esse grupo, inspirado por Luís Gama e organizado por Antônio Bento, colaborou decisivamente para a causa em São Paulo através da facilitação da fuga em massa.

O movimento abolicionista, que empolgou o imaginário político da nação durante décadas, obteve sua vitória final no dia 13 de maio de 1888, com a promulgação da Lei Áurea. O texto da lei que aboliu definitivamente a escravidão no país consta de dois únicos e breves artigos: "Art. 1. É declarada extinta a escravidão no Brasil. Art. 2. Revogam-se as disposições em contrário".

Enquanto grupo político, o maior problema dos idealistas era o caráter eminentemente teórico e retórico de suas proclamações: tinham dificuldades em operacionalizar seu discurso e nem sempre visualizavam métodos práticos para a afirmação da República de seus sonhos. Assim, para muitos dos analistas de suas práticas, ficavam mais no nível da abstração: faziam apelos abstratos em favor da liberdade, da igualdade, da participação, sem situar concretamente as reivindicações nessa direção. Sua idéia de povo era abstrata e muitas de suas referências, simbólicas. Sua importância nos anos que precederam a República residia na agitação que promoviam e nos ataques à Monarquia: falavam do povo nas ruas, de uma cidadania efetiva, pediam a morte do conde D'Eu, nobre francês odioso, cantavam a *Marselhesa* pelas ruas e praças públicas, e assim por diante. No fundo eram os responsáveis pela "pirotecnia" do movimento, isto é, davam cor às manifestações republicanas, empolgando pelo entusiasmo o público que assistia aos seus comícios e atos públicos.

Como vimos, eram vários os projetos para a República a ser efetivada no Brasil. No interior do Partido Republicano, entretanto, podem ser delineadas, teórica e esquematicamente, duas grandes tendências ou divisões: a dos **evolucionistas** e a dos **revolucionários**. Os primeiros esperavam que o Império caísse por si mesmo, como "fruto podre", pregando a moderação, a prudência e a cautela nos meios e processos a empregar, para uma transição pacífica e progressiva em direção à República; repudiavam a revolução e, quando se reportavam à mesma, mencionavam tão somente uma "revolução moral". Os outros pensavam revolucionariamente os caminhos para a República, aos moldes da Revolução Francesa, burguesa e popular. Silva Jardim pertenceu ao segundo grupo e chegou inclusive a romper com a direção do Partido, em defesa dessas idéias de uma República "revolucionária", isto é, transformadora da ordem social vigente no Brasil de então.

A historiadora Emília Viotti da Costa conseguiu sintetizar magistralmente as duas posições republicanas. É dela o texto transcrito a seguir: "Delineavam-se no partido duas tendências: a revolucionária e a evolucionista. Os adeptos da primeira preconizavam a revolução popular, os outros acreditavam que se chegaria à República pelo controle pacífico do poder, através da via eleitoral. (...) Quintino Bocaiúva e Silva Jardim representavam respectivamente as duas posições. (...) Num congresso realizado em São Paulo, em maio de 1889, venceu oficialmente o ponto de vista representado pela ala evolucionista, indicando-se Quintino Bocaiúva para a chefia do Partido Nacional, fato que provocou crise no Partido. Violenta foi a reação de Silva Jardim, que publicou um manifesto a 28 de maio de 1889, atacando duramente os elementos moderados do partido. (...) De pouco adiantou o seu protesto. A divergência quanto aos métodos a serem empregados para a conquista do poder parecia definitivamente resolvida com a vitória da facção pacifista. (...) Pouco tempo depois, entretanto, se daria o golpe militar que derrubou a monarquia" (*Da monarquia à república*, pág. 320).

A propaganda republicana de Silva Jardim

Silva Jardim foi o líder da corrente radical e personagem fundamental para a compreensão dos caminhos trilhados pela causa republicana em nosso país. Sem transigir em seus ideais e ideário político, Silva Jardim representou vozes vencidas, mas ativas e presentes no cenário político nacional do período. Em especial, expressou um projeto alternativo de República, ou seja, um regime mais popular, mais justo e equânime para os vários setores sociais. Nunca abriu mão da luta pela liberdade dos escravos, como ocorreu com tantos membros do Partido Republicano, e, ainda que sua proposta política tenha sido derrotada, foi uma das possibilidades históricas que apontavam para outros sonhos e esperanças na construção de uma nova nação. A recuperação histórica de sua memória, de seu pensamento e de sua conduta política foi e é importante para se visualizar uma espécie política rara entre nós, ou seja, a do homem público coerente e congruente ao operar teoria e prática e ao dedicar, de modo intransigente e apaixonado, sua vida à causa republicana. Tentemos, agora, recuperar um pouco da história republicana, através da trajetória particular desse homem, que soube aliar tão bem teoria e prática, linguagem e programa, discurso e ideal.

O "herói" da propaganda teve seu primeiro êxito político efetivo em 28 de janeiro de 1888, com um discurso proferido em Santos, tendo a imprensa do período registrado a força de sua eloqüência. Na sua fala, o orador discutiu a sucessão de D. Pedro II e pediu um novo regime político, o republicano, para o país. Um dos seus argumentos mais sólidos era o de que a herdeira, a princesa Isabel, achava-se casada com o francês conde D'Eu, um estrangeiro. Uma avaliação desse bem proferido discurso foi feita pelo seu próprio autor: " Os Braganças e os Orleans haviam sido largamente analisados; tinha-se passado em revista o estado de saúde de Pedro II, o seu reinado, o de seu pai, a dinastia Orleans, o conde D'Eu, a evolução das aspirações liberais do Ocidente e do Brasil, a individualidade da princesa regente, os perigos do Terceiro Reinado; e, quando senti o espírito popular assaz aquecido, mais por seu próprio entusiasmo do que pela minha palavra, terminei, erguendo-me o possível ao assunto, propondo a moção de apoio ao ato dos vereadores de São Borja, e de protesto contra o ato do governo imperial" (a câmara municipal de São Borja havia dado um voto de repúdio público à instituições vigentes). (Maurício Vinhas de Queiroz, *Paixão e morte...*, pág. 9.)

Os jornais noticiaram a ampla repercussão das palavras do "Tribuno da República" em Santos, o que levou o orador a Campinas, e, depois, a várias localidades do interior paulista. O teor da palestra de Campinas consistiu dos mesmos temas abordados em Santos, mas apresentava também um protesto contra as pretensões expansionistas de D. Pedro II sobre a Argentina. Segundo o próprio Silva Jardim, toda a Campinas estava lá, com presença majoritária de operários, que o aplaudiram bastante; se em Santos os libertos o haviam ovacionado, em Campinas era a classe operária que lhe emprestava seu apoio; afinal, no meio da platéia se encontrava também o chefe de polícia, compadre do conde d'Eu. Com o empenho peculiar aos teimosos e decididos, em 7 de abril de 1888, na capital paulista, o palestrante proferiu uma conferência no Clube Republicano, comemorando a data de deposição de Pedro I.

Desde esse início, Silva Jardim declara uma posição política progressista e diferenciada: em um congresso do Partido, representando Santos, fez defesa de uma tese avançada, qual seja, a da tomada revolucionária do poder. Essa via revolucionária para o poder não seria um golpe, nem uma quartelada, mas sim um imenso movimento de massas dirigidas pela "vanguarda republicana", termo de sua predileção. Ala "esquerda" do movimento republicano, criticava os "defensores encobertos do Império", que no interior do próprio Partido Republicano se escondiam atrás das posições evolucionistas, e conquistava o respeito de vários próceres republicanos, entre os quais Rangel Pestana, um dos dirigentes máximos no estado de São Paulo, que apoiou suas idéias e lhe deu suporte político. Foi assim que Silva Jardim passou a viajar por inúmeras cidades e vilas de São Paulo e do Brasil, divulgando o corpo essencial do republicanismo.

Para se ter uma imagem da intensidade de sua atividade como propagandista da República, basta conhecer um pouco sua primeira excursão política: convidado para falar em Limeira, traçou um plano para percorrer, em trinta dias, vinte e sete cidades de São Paulo, Rio de Janeiro e parte de Minas Gerais, para discursar, em todas, pela República. Com 500$000 réis de seu trabalho como advogado, tomou todas as providências.

Mandava, em geral, uma circular às cidades que pretendia visitar e organizava, sempre com seus próprios recursos e meios, as viagens. Seu método, de acordo com estudiosos, era o seguinte: chegava à cidade, conhecia bem a localidade, sua vida econômica, política e cultural, para depois realizar a conferência. O esquema básico das conferências era sempre o mesmo; as variações correspondiam às particularidades dos diferentes locais. Com sua retórica veemente e precisa, sempre fazia adeptos para a causa republicana.

Na primeira excursão esteve em Rio Claro, Limeira, São Carlos do Pinhal, Campinas, Jacareí, Pindamonhangaba, Taubaté, Guaratinguetá, Lorena, Resende, Barra Mansa, Piraí, Vassouras, Valença, Paraíba, Juiz de Fora, Petrópolis, Friburgo, Cantagalo, São Fidélis, Campos, Macaé, Barra de São João, Capivari, Rio Bonito, Itaboraí e Niterói. O roteiro da viagem era duro: discursava, era alvo de homenagens, discutia com os republicanos questões internas do Partido, conversava com o povo sobre suas aspirações e necessidades. Mal dormia e no dia seguinte empreendia viagem a novo local, repetindo, incansável, a mesma programação. Esteve na capital do País em 12 de agosto de 1888, onde se deu o encerramento da viagem com uma conferência na Sociedade Francesa de Ginástica, cheio de povo e "presentes os maiores vultos das letras, do jornalismo e das lutas pela república no Brasil" (*op. cit.*, pág. 13).

Muitas conferências foram tumultuadas. Em Paraíba do Sul, por exemplo, Silva Jardim foi apredejado enquanto falava; em Juiz de Fora, monarquistas liberais e conservadores engalfinharam-se enquanto discursava: "Espero que os senhores acabem de brigar para prosseguir", observou o ardoroso republicano.

O tribuno era um obstinado. Prova disso é que chegou em Friburgo sozinho, sem conhecer ninguém, providenciou o local para o discurso, as cadeiras e todo o restante. Apesar das dificuldades, conseguiu ali tamanho sucesso que deixou organizado o Clube Republicano.

Maurício Vinhas de Queiroz periodiza o percurso político do "Tribuno Republicano": "Após o sucesso desta grande excursão, cujos feitos eram espalhados pelo telégrafo e comentados por toda a imprensa, Silva Jardim se tornou um nome nacional. Tinha, sem dúvida, graças à indomável força de vontade e ao espírito de iniciativa, conquistado grande terreno para a causa da República" (idem, idem, pág. 14).

Após essa primeira viagem de propaganda, Silva Jardim muda-se para o Rio de Janeiro, onde moraria até partir para a Europa, desiludido e descontente com a República, em 1890.

Fez outras excursões pelo interior do Brasil e, segundo vários autores, conseguiu bons resultados para a sua causa, portando-se sempre com a mesma firmeza. Vários episódios de suas viagens foram comentados em muitos estudos, destacando-se a harmonia entre o pensamento e a ação desse "caixeiro viajante" de idéias e ideais.

Nunca foi homem de gabinete, encastelado em suas posições teóricas ou políticas, usufruindo de benesses pessoais pela obra pública. Seu pensamento e sua ação estavam direcionados para questões práticas, sobretudo os grandes problemas nacionais, e isso lhe acarretou inúmeros dissabores. Sofreu, inclusive, atentados contra a sua vida. Em Angustura, cidade de Minas Gerais, foi ameaçado de assassinato e reagindo com extremo sangue frio, conseguiu salvarse dizendo ao capanga prestes a matá-lo: "Atire, mate, para mim a morte é um acidente da vida". No dia seguinte, o capanga, cheio de remorsos, veio pedir perdão. Em outra feita, em São João del Rei, Minas Gerais, a massa, açulada por padres ultramonarquistas do local, além de apedrejá-lo, chegou a atear fogo na casa em que ele se encontrava. Em Valença, Rio de Janeiro, no meio de desordens entre republicanos e monarquistas, começaram tiros de ambos os lados. Silva Jardim pediu um revólver e liderou a resistência, conseguindo repelir os assaltantes opositores. "Herói da propaganda, sempre foi corajoso, à prova das maiores violências, das mais torpes arbitrariedades... Inflexível ao ponto de organizar barricadas e defender de revólver em punho o seu direito de palavra, a liberdade de pensamento, Silva Jardim é um exemplo imperecível, um símbolo do povo em luta por melhor destino, por melhores dias" (idem, idem, pág. 17-18).

A sua persistência foi a razão da conversão de muita gente ao ideário republicano. Conta-se que, ao final da excursão a Pernambuco, em junho de 1889, no mesmo navio do conde d'Eu, este admitia a idéia de convocar uma espécie de plebiscito para decidir o III Reinado, o que evidencia o êxito republicano mediante a ação contínua do propagandista ao longo de toda a viagem.

O ideário político de Silva Jardim

Considerado um "precursor do socialismo científico" no Brasil, o propagandista republicano sempre esteve à frente das lutas populares de seu tempo, não apenas nos grandes movimentos sociais, como o do abolicionismo, mas nas pequenas batalhas populares quotidianas. Em prol, por exemplo, de reivindicações concretas de pequeno vulto, de interesse imediato dos trabalhadores e do povo: luta dos caixeiros do comércio por redução de jornada de trabalho, que se alongava então das seis horas da manhã às dez horas da noite, e pelo descanso dominical; luta dos pequenos proprietários urbanos em torno de uma certa questão de águas, causas de negros injustiçados ou de outros marginalizados pelo sistema. Silva Jardim entendia que a luta pelas aspirações imediatas do povo traria o apoio das massas ao combate pela República, pois essa apontava para a esperança de solução para os problemas diários da vida popular. Entretanto, teve a lucidez de perceber que a República não resolveria todos os problemas do povo: "Ela (a revolução...) consistirá mesmo, eternamente, o supremo recurso da massa popular, do proletariado, fraco pela riqueza, mas poderoso pelo número, contra as imposições do poder político tirânico, ou do poder moral sem moralidade" (idem, idem, pág. 24).

Ainda que nada indique que Antônio Silva Jardim tenha lido Marx e dele retirado sua "teoria social", para alguns autores muitas de suas idéias seriam análogas às do grande filósofo e teórico alemão. Na verdade, não existem na obra do propagandista republicano quaisquer referências diretas a Marx ou ao movimento operário internacional. O ensaísta Barbosa Lima Sobrinho, em *Silva Jardim – discursos, opúsculos e manifestos*, sustenta que o tribuno foi um um criador, alguém que pensou com certa originalidade a revolução brasileira diante de problemas específicos de nossa nacionalidade.

Em sua obra de memórias, concluída em Paris e publicada em abril de 1891, depois de sua morte, sob o título *Memórias e viagens*, o próprio tribuno e propagandista da República situou as maiores influências sobre o seu pensamento ou filosofia de vida, dirimindo assim muitas dúvidas. Percebe-se que Auguste Comte, considerado por ele como "mestre imortal", teve grande influência em sua formação. Ao romper depois com o positivismo, suas idéias se impregnam do materialismo cientificista e mesmo da dialética, o que levou estudiosos de sua obra a considerá-lo como pioneiro do pensamento de esquerda no Brasil. Ardoroso leitor dos franceses enciclopedistas e iluministas, considerados por alguns como "antepassados históricos diretos do materialismo dialético moderno", Silva Jardim seria o antecipador das idéias socialistas no País. De acordo com o livro *Memórias e viagens*, as obras que mais o haviam influenciado, depois de Comte foram: *A imitação de Cristo*, de Thomaz Kempis; a *Bíblia*; o *Catecismo*, de Montpellier; a *Interpretação da natureza*, de Diderot; o *Esboço dos progressos do espírito humano*, de Condorcet, a *Política experimental*, de Leon Donat, a *Política internacional*, de Novicot, a *Política republicana*, de Alberto Sales, e *A república federal*, de Assis Brasil. Os trabalhos dos teóricos da Revolução Francesa, dos enciclopedistas, além dos que já foram citados acima, eram de sua especial predileção, o que confirma seu entusiasmo pelas mudanças, pelas revoluções.

Antônio da Silva Jardim acreditava que as transformações sociais não se processavam independentemente das ações dos homens e de sua vontade; não tinha, portanto, uma visão histórica fatalista ou determinista. Existiam, para o pensador, leis sociais independentes da vontade humana, mas que poderiam sofrer a ação consciente dos homens, que, assim, poderiam acelerar ou retardar a marcha do desenvolvimento ou da evolução social. Não sendo a evolução das sociedades humanas uma fatalidade, tratava-se de agir para a transformação da ordem política e social. O simples progresso social ou a simples mecânica social eram incapazes, por si só, de trazer a República e as melhorias esperadas para o país. Desse modo, desde o início de sua militância política, Silva Jardim colocou-se favoravelmente à revolução transformadora da ordem política monárquica: "A evolução prepara e elabora o solo para a revolução e a revolução coroa a evolução e ajuda o seu ulterior trabalho (...) O último termo de uma evolução é mesmo, senhores, um ato revolucionário. Evolução implica progresso. É certo que o progresso não é uma modificabilidade infinita, como pensam alguns, o que alteraria a ordem fundamental, e sim uma modificação no que existe, resultante da própria natureza das coisas e sujeita a uma certa lei: o progresso é o desenvolvimento da ordem. Mas nas épocas anormais, como aquela que atravessa o Ocidente inteiro, em que há do antigo muito a por abaixo, todo o progresso, toda a reforma implica num ato de enérgica destruição, um ato revolucionário, condição da substituição conseqüente" (Maurício Vinhas de Queiroz, *Paixão e morte...*, pág. 23).

Silva Jardim abominava a concepção metafísica do desenvolvimento social, que apenas admitia a mudança progressiva, em quantidades, gradativa. Segundo Maurício Vinhas de Queiroz, como um teórico do "socialismo contemporâneo" o tribuno acreditava que o movimento apresentava sempre duas formas, a evolutiva e a revolucionária, sendo esta última decisiva e fundamental para a derrubada de uma antiga situação e para o erguimento de um novo esquema político e social. Foi sempre e desde logo um defensor da via revolucionária para o estabelecimento da República, e, como vimos, liderou uma corrente dentro do Partido Republicano, designada como radical ou revolucionária.

A teoria social de Silva Jardim pode parecer um pouco sofisticada ou inadequada para a propaganda dirigida às massas, mas conseguiu surpreendentes resultados, uma vez que estava imprimida na sua linguagem de orador competente e no seu programa de ação republicana. Seu objetivo era alcançar a adesão maciça da população para o ideal republicano através da propaganda, da penetração do pensamento republicano no imaginário social popular. Queria e trabalhava por um movimento insurrecional amplamente popular, que envolvesse de fato "as grandes massas", e apelava para todos, mulheres, moços, velhos, estrangeiros, negros e brancos, dos setores médios ou pobres. Como ele mesmo definiu, organizava a fala de uma forma que alcançasse a todos: "Em regra... eu mostrava as forças e as tradições de nosso partido, demonstrava o atraso e a inutilidade da forma monárquica, desenvolvia as vantagens do regime republicano, analisava a Constituição Política, mostrando como o Poder Moderador absorvia todos os outros, descrevia o estado do País, em linhas gerais, mas precisas, a política da casa de Bragança, os perigos do Terceiro Reinado, o estado de saúde do imperador, incapaz de governar, a inaptidão da princesa regente, as péssimas qualidades de seu marido; citava testemunhos dos estadistas brasileiros contra o trono, enfim, demonstrava a incompatibilidade do regime monárquico com o sentimento do País, americano e, pois, fadado para a república" (idem, idem, pág. 24-25).

Uma das conferências de Silva Jardim situa, de forma abrangente, as suas idéias sobre a República, ainda que não explicitasse a sua organização, pedindo, entre outros pontos, a separação entre a Igreja e o Estado, e a descentralização do poder. Tratava-se, na verdade, de um opúsculo intitulado *A república no Brasil* (Compêndio e teoria e apreciações políticas destinadas à propaganda republicana), distribuído em 20 de setembro de 1888. Nesse "texto conferência" o pensador sintetiza sua posição sobre vários aspectos do regime republicano a ser implantado no Brasil, desde a sua natureza política até pontos como a instrução pública, as relações entre Igreja e Estado, a liberdade, a economia urbano industrial, o nível de vida das massas, o patriotismo,

Panfleto republicano: chamando a atenção do povo para a necessidade de reformas profundas, tentava adesões ao novo regime (propaganda do Partido Republicano Paulista, 10 de julho de 1889).

a soberania popular, a revolução como detentora das melhores tradições políticas e culturais da pátria, e assim por diante, sempre atacando a ineficiência e tibieza do Império.

Na terceira parte deste livro discutiremos melhor o conteúdo das proposições políticas e sociais de Silva Jardim, mas alguma coisa pode ser debatida desde já, para que se concretize mais claramente o teor de suas posições, que, aliás, vimos esboçando em linhas gerais ao longo da primeira e da segunda partes do trabalho.

A República era definida claramente como o regime político de todos, sem exceções e sem distinções de gênero, idade, etnia, credo político ou religioso; era, portanto, o regime representativo da coletividade nacional, do povo brasileiro. Um breve trecho do texto do pensador republicano conceitua a República de modo claro e direto, em seus delineamentos básicos: "A república, como diz a palavra, é a coisa (*res*) pública, de todos, é o governo do público, dos que vivem numa mesma época, o regime do bem público. É o modo de governo em que um homem, o presidente, ou um grupo de homens, diretório ou conselho federal, com auxiliares, ministros, conselheiros, etc., dirige um povo, segundo a vontade deste, que fixa e determina a vontade daquele, ouvindo sempre aqueles a quem com esse homem ou esse grupo o povo dá parte da direção do País e que não o representam, e sim o País. A república caracteriza-se pelo governo da opinião pública, à qual obedece o magistrado supremo da nação; pela ausência do privilégio de sua pessoa e de sua família, pela sua plena responsabilidade; e, de um modo geral, pela liberdade nas relações morais e civis, pela igualdade perante a legislação, pela fraternidade como princípio dominante que aproxima pelo amor a política da moral, e que estabelece a ascendência desta; pelo respeito às leis artificiais, resultantes das leis naturais; pelo desenvolvimento da instrução popular, pelo regime do trabalho e da paz, pela elevação dos fracos, dos desprotegidos, dessa enorme massa do proletariado, até agora não domiciliada, acampada, sim, na sociedade moderna" (Antônio da Silva Jardim, *A República....*, pág. 51).

A questão da liberdade dos republicanos em sua propaganda não era situada como concessão da monarquia, mas como conquista da palavra corajosa dos oponentes do regime desde 1870; tratar-se-ia, assim, de uma liberdade conquistada e não doada ou outorgada pelos poderes imperiais. A liberdade civil e a liberdade religiosa deveriam ser separadas, inclusive para preservar as instâncias de dignidade do sagrado e do profano, ou seja, do político. O desenvolvimento econômico do País era discutido como instrumento essencial da liberdade social do brasileiros, e mesmo liberdade política do País, nos quadros de um sistema internacional competitivo, ao qual o Brasil estava submetido pelas dívidas e empréstimos : "Estamos, sobretudo, paupérrimos! O País deve muito ao estrangeiro, e aos próprios cidadãos; pedindo todos os dias dinheiro emprestado, pagando sempre juros de empréstimo, e nunca podendo quitar-se de grandes obrigações... Um País que vive sempre a pedir dinheiro emprestado é um País pobre..." (idem, ibidem).

Noções como a do patriotismo verdadeiro e a da soberania popular eram também enfatizadas. O verdadeiro patriota seria aquele que enfrentasse a real situação de seu país, não hesitando em apontar as suas "manchas" e problemas, inclusive para poder eliminá-los corajosamente.

Silva Jardim usava palavras fortes para retratar a situação do Brasil sob o regime monárquico: "Será preciso um dia dizer com franqueza que este Império do Brasil, de que tanto enchemos a boca, é um fetiche de palha, que pode cair ao primeiro empurrão, um pobre e desgraçado País, sem liberdade religiosa e de pensamento, sem instrução, sem administração, sem justiça, e acima de tudo sem dinheiro algum, um pobre diabo que anda a contrair empréstimos diariamente!... Nós precisamos, meus senhores, ter a modéstia de dizer que somos muito fracos, uns pobretões... Decididamente, cidadãos, é irremediável a situação financeira do Brasil dentro da monarquia; deixai que os pseudo-estadistas se dêem tratos à imaginação para o suposto equilíbrio de seus imaginosos orçamentos; não será com as águas do Amazonas que, de um momento para outro, pagaremos as nossas dívidas, nem as folhas dos arvoredos correm como cédulas de banco" (idem, ibidem).

Por outro lado, na fala de Silva Jardim, a soberania popular era encarecida como o pilar de sustentação dos modernos regimes políticos; apenas os homens do povo poderiam governar os povos pois, segundo o teorema político da ciência social do período, não poderiam exercer o poder os homens avessos à prática constante do trabalho honrado, quer de natureza intelectual ou manual e braçal.

No Brasil, tudo pediria reforma, e a República verdadeiramente popular seria a saída ante os impasses do país: "... perante o atual estado do País, quando tudo brada pela reforma, quando a república seria o bem-estar dos brancos e, principalmente, dos pretos, porque a república é o governo do proletariado, e em nossa pátria o proletariado, na sua maioria agrícola, é quase todo composto de descendentes da raça preta – não é má fé, não é maldade, não é desumanidade, explorar contra os republicanos a gratidão dos pretos, os sentimentos de expansão de liberdade de uma raça tão boa, tão infelicitada, para sustentar um trono, que é o mais formidável representante da oligarquia? ... pergunto eu, quem não vê que o principal vitimado será o povo, o proletário, o operário preto, ao qual sem dúvida faltará muita vez mesmo o que comer? O operário, o ex-escravizado, o liberto – eis a principal vítima da monarquia, eis o explorado no reinado de Isabel, como explorado no reinado de Pedro!... Ah! Senhores! Sejamos brancos, e sejamos pretos... Tenhamos as boas qualidades da raça branca e da raça preta, por uma sincera confraternização; sejamos brancos, e sejamos pretos..." (idem, idem, pág. 51).

O fato de defender um regime republicano de caráter popular soberano e preconizar o advento da República pela via revolucionária fez com que Silva Jardim, Lopes Trovão e tantos outros fossem vistos como uma ala radical no interior do Partido Republicano e fora dele, cujo entusiasmo e audácia deveriam ser controlados e disciplinados. As disputas entre evolucionistas e radicais dentro do Partido Republicano, pela hegemonia da direção política, tornaram-se, com o tempo, insustentáveis, pedindo uma solução que congregasse a maioria, em torno do objetivo maior da implantação da República no Brasil.

Disputas partidárias: radicais e moderados

Desde a sua fundação, o Partido Republicano procurou organizar-se, fazer-se representativo nas províncias, lutar pela sua maior e mais ativa participação na vida política do Império. Pretendia-se fortalecer a unidade partidária através de um forte Partido Nacional. Entretanto, esta era especialmente difícil face ao peso dado pelo próprios republicanos ao federalismo, à autonomia das províncias, inclusive no que se referia às questões partidárias. De acordo com o historiador José Ênio Casalecchi, no livro *O partido republicano – política e poder* (1889-1926), o núcleo central do Partido tinha pouco poder diante da liberdade das agremiações republicanas em suas diferentes regiões.

Diz ainda o pesquisador que, por essa razão, apesar do empenho do Rio de Janeiro para tornar mais sólido o Partido Nacional, o Congresso Republicano, de âmbito geral, só se realizou em 1887. Seus resultados foram modestos: nove pequenos artigos davam a organização básica da agremiação; instituía-se um Congresso Nacional com dois representantes por província e um Congresso Federal composto por políticos republicanos moderados: Saldanha Marinho, presidente; Quintino Bocaiúva, vice-presidente; Aristides Lobo, secretário; Campos Sales e Ubaldino do Amaral. O manifesto elaborado nessa ocasião nada acrescentava ao de 1870. Em 1888 novo Congresso foi realizado no Rio de Janeiro, referendando as teses dos paulistas como convenientes para o Partido Nacional. Assim, era o Partido Republicano Paulista que dava a tônica ao movimento republicano global, o que revelava a fragilidade da movimentação partidária nas outras partes do país. A partir daí, evolucionismo e revolução passavam a designar posições divergentes para a transformação republicana da nação. Liderados por Silva Jardim, vários membros do partido pediam uma prática mais incisiva e radical, e os evolucionistas tiveram que lutar para manterem-se na cúpula partidária.

O congresso republicano de maio de 1889, realizado em São Paulo, estava carregado de dissentimentos e os conflitos verbais entre evolucionistas e radicais continuavam a se fazer presentes de modo intenso. Presidido pelo moderado Quintino Bocaiúva, dado o afastamento de Saldanha Marinho pelo avançado da idade, o Congresso iniciou-se com a demissão do Conselho Federal e com alterações na forma de composição da direção do Partido: cabiam doravante as funções diretivas a um único republicano eleito pelo Congresso. Quintino Bocaiúva foi eleito e Silva Jardim não aceitou a nova liderança; em suas declarações, acabou por denunciar a debilidade do movimento republicano nacional, depois de quase vinte anos de existência, chamando a atenção para a pequena representação provincial e restrito número de delegados.

Em amplo manifesto, veiculado a 25 de maio de 1889, o propagandista maior da República fez uma exposição dos motivos de sua discordância: acusava de falseamento as eleições que referendaram o nome de Quintino Bocaiúva, por terem ocorrido falhas na fiscalização, na discussão pública e no regime representativo, ao mesmo tempo em que se estabelecia a "ditadura" de um pequeno grupo paulista; acusava também a mesquinhez das posições e dos interesses individuais; apresentava, alternativamente, um programa de remodelação do Partido Republicano, que deveria ter uma direção mais científica e patriótica quanto à doutrinação e processos de luta. Como assinala Maurício Vinhas de Queiroz na obra *Paixão e morte de Silva Jardim*, o Partido Republicano, de natureza explicitamente revolucionária, representaria a vontade popular soberana, devendo ser o governo, em síntese, a feliz conjugação de dois elementos: poder e povo.

Silva Jardim tinha consciência da necessidade de consolidar um verdadeiro núcleo revolucionário ao aproximar-se o momento da sublevação, agrupando e diferenciando os comprovados defensores da causa dos elementos apenas retóricos. Cumpre registrar que desde janeiro de 1889 o político propagandista esteve, cada vez mais, empenhado em delimitar e distinguir sua posição revolucionária daquela que preconizava uma transição paulatina e cuidadosa em direção à república. No dia 6 de janeiro de 1889 publicou no jornal *O Paiz* a "Carta Política ao País e ao Partido Republicano", que foi depois tirada em folheto. Ainda sob o impacto dos acontecimentos de 30 de dezembro de 1888, data de sua segunda conferência na Sociedade Francesa de Ginástica, quando ocorreu um choque armado entre monarquistas e republicanos, o tribuno não hesitava em clamar pela República imediata e contundente, colocando-se claramente contrário aos "capitulacionistas e apaziguadores".

Nesse documento de 6 de janeiro de 1889, Silva Jardim relatava os fatos ocorridos na Sociedade Francesa, apontando a evidente culpa do governo e dos homens a seu serviço. Sem nomear José do Patrocínio, responsabilizava-o, contudo, como inspirador da Guarda Negra, chamando-o de traidor: "à sua raça que, por proletária no Brasil, carece claramente para o seu desenvolvimento de um regime republicano, traidor ao Partido a que dissera pertencer, não como renegado confesso mas como Judas consciente...". Apelava para a compreensão tanto em relação aos negros, objetos de manipulação política, quanto para a intransigência ante os que os exploravam econômica, mas, sobretudo, politicamente. Denunciava a demagogia monarquista, prevendo a república para o ano de 1889, no centenário da Revolução Francesa, cujos ideais e ações enaltecia. Finalmente, autoproclamava-se defensor de uma política arrojada, líder da corrente que queria a queda rápida do império e a instituição imediata da república: "A luta está, pois, travada e foi a monarquia quem, atacada pelo Pensamento e pela Palavra, rompeu com a Arma e a Revolução. Nós íamos falar, nós íamos nos reunir, fomos atacados pelos que queriam matar. Combatemos também! Provavelmente também matamos para viver; viver pela nossa Pátria!" (Maurício Vinhas de Queiroz, *Paixão e morte...*, pág. 63).

Incansável, inaugurava, em 22 de janeiro de 1889, a coluna republicana da *Gazeta de notícias*, sob o título de "Propaganda republicana", que permaneceu até 31 de maio, quando a coluna passou a denominar-se "Política republicana".

Acometido logo após por grave enfermidade que quase o levou à morte, convalesceu na fazenda Santa Genoveva, em Valença, recebendo manifestações de solidariedade de republicanos e libertos. Ainda debilitado, partiu para uma campanha nas cidades mineiras. Sua fraqueza era tanta que, contrariando o seu feitio expansivo e gestual, proferiu as suas palestras sentado e contido. Mesmo assim, visitou e fez conferências em inúmeras cidades : Mar de Espanha, São Pedro, Guarani, Rio Novo, Pomba e Ubá, em fevereiro; São Paulo de Muriaé, Cataguases, Leopoldina, Capivara, Tombos de Carangola, Santa Luzia, Patrocínio e São José d'Além Paraíba e Angusterra (Angustura), em março. No fim de fevereiro, dia 27, encontrou tempo para mandar circular ao eleitorado do primeiro distrito da província da Bahia, e encerrou em 7 de abril de 1889, em São Paulo, sua intensa viagem política, com uma conferência, divulgada depois em folheto, sob o título "Política republicana revolucionária". No final de abril, retomou suas viagens de propaganda, tendo, novamente, como palco privilegiado as cidades mineiras de Caxambu, Baependi, Juiz de Fora, Prados, São João del Rei, Queluz, Ouro Preto e Mariana. Terminou a série de conferências em Minas, preparando-se, com grande expectativa, para o já aludido Congresso Nacional do Partido Republicano, que ocorreria em maio. Contava, certamente, com seus êxitos políticos, para, na ocasião do encontro nacional, unir o Partido Republicano sob a sua direção radical e revolucionária.

Infelizmente para Silva Jardim e os seus seguidores, as teses vencedoras foram aquelas defendidas pelos moderados. Na tentativa de definir algo comum entre as várias posições divergentes, acabou levando a melhor a corrente conciliadora, moderada e evolucionista. Silva Jardim e seus amigos perderam redondamente, a ponto de, segundo alguns relatos, haver o tribuno seguido para o Rio, antes mesmo da finalização dos trabalhos partidários. Derrotado nas eleições de seu Partido, inventou uma desculpa de doença em família para retirar-se, desgostoso com os resultados. Foi inevitável, depois disso, o recrudescer das discrepâncias. Não era possível para a ala liderada por Quintino Bocaiúva aceitar o discurso combativo e taxativo do tribuno que continha uma incitação direta à tomada do poder: "Se a revolução abolicionista fez-se nos quilombos e nas fazendas, a revolução precisa ser feita nas ruas, e em torno dos palácios do imperante e de seus ministros... Nada pode dispensar, portanto, um movimento francamente revolucionário..." (idem, idem, pág. 67).

Depois de maio de 1889, Silva Jardim contou com diversos apoios, quando ocorreram confrontos explícitos entre as duas correntes encabeçadas por ele e Quintino Bocaiúva:

do Partido Republicano de Pernambuco, do Rio Grande do Norte, de um pequeno grupo carioca, de clubes e indivíduos. No rol das manifestações que se processavam de um lado e de outro, entretanto, um maior apoio era dado a Quintino Bocaiúva e à causa republicana proponente de uma mudança lenta e progressiva das instituições jurídicas e políticas do país. Mesmo seguindo em junho de 1889 na viagem marítima ao Nordeste, no mesmo navio que o conde d'Eu, para continuar com a sua campanha republicana, Silva Jardim, segundo algumas opiniões, não mais apresentaria a mesma independência e o mesmo espírito novo que fora o melhor de sua obra. Procurou de certa forma, com o tempo, acatar as decisões de Quintino Bocaiúva, buscando a conciliação. Para um autor como Maurício Vinhas de Queiroz teria, nessa ocasião, havido um engano do republicano revolucionário: engano revolucionário individual? Fraqueza das forças sociais que ele representava? Sociedade imatura para uma ação mais forte de ruptura? Impossibilidade material ou equívoco meramente individual? Ainda que se pudessem fornecer várias respostas a essas indagações, pontuando a ação individual com as condições e a cor política da época, a realidade era que a divergência de orientação entre os republicanos se fundamentava em questões de classe. Os republicanos não conseguiam chegar à posições coesas e uníssonas por causa da clivagem social. É bastante razoável vincular as diferenças ideológicas diante do ideário republicano à composição social diversa dos dois grandes núcleos da política republicana que eram São Paulo e Rio de Janeiro.

Enquanto em São Paulo a composição social do Partido era de aproximadamente 30% de proprietários rurais, no Rio estes constituíam apenas 2%, enquanto profissionais liberais (advogados, jornalistas, professores, médicos e engenheiros) representavam mais de 60%. São Paulo dava ênfase ao federalismo, à autonomia provincial, medidas que se vinculavam aos interesses dos grandes proprietários, sendo o movimento separatista na província paulista, em 1887, expressão assertiva dessa tendência. No Rio de Janeiro prevaleciam as reivindicações relativas aos direitos e liberdades individuais, à soberania do povo, à verdade democrática.

Os republicanos, capitaneados por Silva Jardim, sonhavam uma República análoga àquela estabelecida na França em 1789, a um só tempo burguesa e popular. Em contrapartida, a corrente vencedora e hegemônica no Partido Republicano, a dos moderados, inspirava-se na postura liberal do final do século XIX, isto é, aquela inspirada no darwinismo social.

O pensamento oriundo das idéias de Darwin sobre a evolução das espécies revelava-se não somente nos domínios da Biologia, mas em vários campos do conhecimento, inclusive nas Ciências Sociais de então, que consideravam o desenvolvimento das sociedades humanas semelhante ao que ocorria com as espécies do ponto de vista físico e biológico. No Brasil, o darwinismo social havia sido apreendido através da obra de Herbert Spencer, que propunha a evolução social de acordo com os modelos da evolução natural e biológica da humanidade. O evolucionismo social proposto por Spencer inspirou o principal teórico paulista da República, Alberto Sales, um dos grandes líderes da corrente evolucionista do Partido Republicano.

A proclamação da República

O regime monárquico sucumbia à ação e propaganda republicanas levadas a cabo pelas duas correntes existentes no Partido Republicano, que de maneira diferenciada, privilegiavam a mudança política e esperavam pelo advento do novo regime. Ao longo de todo o ano de 1889, e, especialmente, no decorrer de seu segundo semestre, os republicanos não deram trégua ao poder constituído.

A situação da Monarquia era grave. Em 10 de junho de 1889, subia ao poder o gabinete do visconde de Ouro Preto, que viria a ser o último do Império. Sucedia a dois gabinetes desastrosos, que haviam complicado em demasia o regime monárquico. Os dois últimos gabinetes antes do de Ouro Preto foram os do barão de Cotegipe, reacionário ultramontano, e o de João Alfredo, o "gabinete da Abolição", que organizara a Guarda Negra e, assim, agravara as disputas e as tensões militares, já bastante fortes desde o final da guerra contra o Paraguai. O gabinete de Ouro Preto marcou uma fase liberal na política monárquica, que, com a proposição de inúmeras reformas, pretendia um arrocho contra os republicanos. Não obstante as intenções de reforma da Monarquia, a maioria das elites agrárias tradicionais, poder político dominante e sustentáculo social do Império, recusaram-se a transigir: não queriam perder quaisquer dos anéis de suas mãos, mesmo sob o risco de perderem as próprias mãos.

As conspirações contra o regime monárquico multiplicavam-se.

Nos dois meses que antecederam à Proclamação da República, a palavra de ordem era "rebelião contra o regime". Quintino Bocaiúva se acercou dos militares. Estes pensavam a instalação direta da República, a via imediata. O republicanismo do Exército, como já se demonstrou, vinha de razões corporativas e do caráter mais aberto e democrático dessa arma em relação, por exemplo, à Marinha (antiga Armada), força militar elitista e até mesmo aristocrática. No Clube Militar, o prestígio do moderado marechal Deodoro da Fonseca era significativo, mas mais ainda se fazia sentir a influência de Benjamin Constant, militar positivista, professor, de origens sociais das mais modestas, como as de Silva Jardim. Culto e inteligente, fazia um proselitismo político intenso em prol dos ideais republicanos e de um novo regime para o país com o objetivo expresso de defender os direitos e as liberdades dos oficiais. No dia 9 de novembro de 1889 ocorreu o famoso baile da ilha Fiscal, que reuniu uma nobreza nacional sorridente e aparentemente alienada, distante dos sérios problemas políticos do país, que implicavam graves riscos para a própria manutenção da monarquia brasileira. Depois disso, o Clube Militar passou a falar claramente na derrubada do governo.

A aproximação entre os conspiradores militares e os republicanos civis efetivou-se, expressando-se numa coordenação mútua e conjunta dos esforços, atitudes e ações. O contato dos militares com os civis foi feito por intermédio de Benjamin Constant, que não pretendia limitar o movimento a uma simples quartelada. Ele ligou-se particularmente a Quintino Bocaiúva, e essa ligação acabou por alijar politicamente Silva Jardim e os seguidores da política republicana radical e revolucionária.

Aristides Lobo foi o primeiro civil a se inteirar da "conspiração", ocorrendo em 11 de novembro de 1889 uma reunião entre militares e civis; entre esses últimos destacavam-se os republicanos históricos Quintino Bocaiúva, Francisco Glicério, Rui Barbosa e o próprio Aristides Lobo.

Silva Jardim e os elementos mais ligados a ele politicamente, como Aníbal Falcão e Teixeira de Souza, sabiam que se tramava, mas desconheciam os detalhes das transações, pois Quintino Bocaiúva queria manter afastados dos acontecimentos os elementos radicais, que lhe haviam feito oposição. Benjamin Constant, diferentemente, buscou informar os eventos à ala radical. Afirma-se que durante a noite de 14 para 15 de novembro, Benjamin Constant mandou que se avisasse Silva Jardim da hora exata do levante, mas há evidências de que, por sabotagem direta de Quintino Bocaiúva, Silva Jardim não foi informado.

Dois tipos de registros históricos, completamente divergentes, chegaram até nós, discutindo os notórios acontecimentos do dia 15 de novembro de 1889, quando a república foi proclamada no Brasil.

Em um dos dois tipos de relatos dominantes sobre o episódio da Proclamação, o povo assistiu ordeira e pacificamente aos acontecimentos, seguindo a marcha militar e civil, que acabou por consagrar a República no país; de acordo com a célebre e insuspeita frase do republicano histórico Aristides Lobo, o povo teria assistido "bestificado" ou "bestializado" à instalação da República, sem compreender bem o que se passava, e, de certa forma, alheio aos acontecimentos. No outro tipo de relato existente, o povo não só teria participado dos eventos do dia 15 de novembro, como também teria aclamado o novo regime, comemorado festivamente nas ruas e referendado, com sua atitude positiva diante da mudança política, o estabelecimento imediato do novo regime. Na primeira versão, elaborada por monarquistas ou pensadores políticos conservadores e endossada pela historiografia oficial, o povo brasileiro aparece apático, conformado e desinteressado da política, enquanto a segunda versão evidencia um povo ativo e consciente politicamente, adepto da causa da república e entusiasmado com o novo regime republicano.

A segunda versão descreve um comício "monstro" defronte à sede do jornal *Cidade do Rio* ou outro lugar aglutinador da multidão, que se dirige em passeata rumo à Câmara Municipal, cantando a "Marselhesa", tendo à frente os líderes republicanos.

Maurício Vinhas de Queiroz endossou esse segundo tipo de explicação em seu trabalho, noticiando ainda a presença de José do Patrocínio, de novo abraçando a causa da República, depois de reconhecer seus "erros tremendos" e, também, a participação de Silva Jardim e seus amigos em vários movimentos de rua ocorridos no dia 15 de novembro de 1889. É de sua autoria o emocionado texto aqui transcrito: "Marcham homens de todo o feitio, advogados e operários, artesãos e comerciantes, marinheiros e libertos, empregados no comércio e estudantes. É um dia de festa e é um dia de luta. Das janelas mulheres aplaudem e jogam flores. É uma gloriosa marcha do povo carioca. Ele não quer deixar que a República se escape depois de quase conquistada" (*Paixão e morte de Silva Jardim*, pág. 83). Esse mesmo autor descreveu com ênfase a ida à casa de Deodoro da Fonseca, as suas hesitações e as de Benjamin Constant, o decorrer do dia decisivo. Afirma que a assinatura da Proclamação da República e o decreto número 1 do novo regime só se realizaram no dia 16 de novembro de 1889.

Não se trata de escolher uma das visões e sancioná-la como "verdade histórica", pois ambas são versões que se excluem mutuamente, carentes de maiores evidências históricas, ou seja, de uma sustentação documental mais consistente e crítica. Provavelmente a natureza da participação popular no processo republicano não tenha sido nem tão apática e ignorante, nem tão entusiasmada e engajada. Certamente não foi linear, apresentando contradições, conflitos, "altos e baixos", marchas e contramarchas, bem à feição do próprio movimento que colocou em causa o regime monárquico brasileiro. De qualquer forma, a questão da participação do povo na proclamação e implantação da República está à espera de uma pesquisa mais minuciosa e cuidadosa e de uma análise crítica e adequada, que permita estabelecer nuanças e matizes nessas versões tão contrastantes e subjetivas.

Os primeiros anos da República

Os republicanos tinham pela frente a imensa tarefa de organizar o governo e construir uma nação de cidadãos livres e iguais, de acordo com o ideário republicano que haviam tanto defendido.

Silva Jardim não se furtou à tarefa de ajudar na organização e estruturação da nova ordem política, engajando-se nas atividades imediatas e necessárias. Teve o seu primeiro encontro pessoal com Benjamin Constant no dia 17 de novembro de 1889, dois dias depois do estabelecimento do novo regime. Ainda que o encontro tenha sido bem sucedido, na medida em que o líder Benjamin Constant pôde aferir as posições políticas de Silva Jardim, compreendendo que o seu radicalismo não implicava desequilíbrio político ou instabilidade ideológica, o propagandista da República não foi designado para qualquer função importante, permanecendo em plano secundário. Participou tão-somente da comissão encarregada de fazer o estatuto eleitoral que regeria a escolha dos novos constituintes, encarregados da primeira constituição republicana e, mesmo assim, ocupando um lugar subalterno.

Nas eleições de 15 de Setembro de 1890, as primeiras da República, sofreu dura derrota. Depois de elaborar um manifesto, dirigido ao Partido Republicano do estado do Rio, examinando os resultados da primeira eleição do novo regime, retirou-se da vida pública e dos negócios republicanos.

Para alguns autores, Silva Jardim cometeu um erro fundamental em suas avaliações políticas: teria revelado uma certa concessão diante dos interesses de grandes proprietários rurais, insatisfeitos com a Abolição; demonstrando mesmo até algum "oportunismo" político, compreendeu os anseios dessa elite rural, justificando-os do ponto de vista econômico e social.

De acordo com a opinião desses estudiosos, o propagandista se deu conta do engano cometido, já na Europa, buscando então explicar suas ações. Em *Memórias e viagens* tentou explanar sua posição: para a implantação da República era fundamental fazer uma composição com a classe proprietária de terras. Uma vez proclamado o novo regime, poder-se-ia controlar os proprietários de terra, colocando-os debaixo dos interesses públicos e populares, isto é, limitando suas pretensões particulares e seus anseios de classe. Seu cálculo político se revelaria equivocado, pois a força das classes agrárias dominantes era muito grande no Brasil.

Depois da República, os fazendeiros de café se estabeleceram no poder, sendo Silva Jardim e os radicais, mais esclarecidos e mais avançados em termos de consciência política e social, afastados do poder e preteridos: "Depois de gastar suas forças tentando colaborar com o novo regime, depois de ser maltratado, Silva Jardim, desiludido resolve emigrar para longe da pátria, onde foi morrer. Ele e aqueles que a ele se assemelhavam, os que mais haviam se batido pela instauração da República, não tinham um lugar nessa nova ordem de coisas. Esta não era a República de nossos sonhos, concluíam então. Era assim aquela Monarquia sem imperador, de que tanto falara Silva Jardim. Era a República dos senhores de terra" (Maurício Vinhas de Queiroz, *Paixão e morte...*, pág. 99).

Os autores que julgaram ter Silva Jardim cometido um erro político essencial ao superestimar o potencial revolucionário do novo regime, colocaram inúmeras questões sobre as mudanças estruturais que deveriam ter ocorrido na transição republicana, as quais foram deixadas de lado em razão dos fortes interesses privados que dominavam no país. Por que não a bandeira da reforma agrária ou sua efetivação progressiva através de concessão de terras aos ex-escravos, à população branca e pobre? Houve, seguramente, um impedimento ideológico dos monarquistas e, depois, dos evolucionistas.

Silva Jardim e a sua corrente seriam os que estariam mais próximos, socialmente, de levantar, com sinceridade, um programa antilatifundiário, de dar um conteúdo prático às idéias gerais de uma transição realmente revolucionária entre o velho e o novo regime. Por que isso não ocorreu? Para tais analistas, contingências da época, às quais Silva Jardim não podia fugir, foram responsáveis pela permanência de injustas estruturas no país, mesmo depois de 1889. As condições históricas, portanto, teriam limitado uma ação revolucionária ou, em outras palavras, uma ruptura decisiva com as relações de poder e propriedade vigentes. Silva Jardim, nesse sentido, teria sido esmagado pelos acontecimentos.

Maurício Vinhas de Queiroz faz uma ligação entre o pensamento do propagandista e as práticas socialistas e reformistas, que emergiriam no Brasil com o início da organização operária entre nós e com o intenso movimento operário internacional, no final do século XIX. Apenas quatro anos depois da morte de Silva Jardim, surgiu o Centro Socialista de Santos. Esse centro pioneiro publicou uma revista, *Questão social*, dirigida por Silvério Fontes, Sóster de Araújo e Carlos de Escobar. Este último jornalista escreveu um livro, *O que é socialismo*, obra de divulgação das idéias marxistas e socialistas no Brasil. O Centro Socialista de Santos teve grande importância no movimento operário santista, um dos mais fortes nos primeiros anos da república. Contribuiu para isso o fato dessa agremiação dispor de uma biblioteca bem organizada, onde se encontravam as obras de Marx e de Engels. "Podemos imaginar, pois nos é lícito: muitos dos que ouviram os primeiros discursos políticos de Silva Jardim, naquela mesma cidade, há sete anos, estão agora organizados neste novo centro" (Maurício Vinhas, *Paixão e Morte* ..., pág. 102).

Os inícios da República no Brasil, mais exatamente seus primeiros dez anos de existência, foram especialmente conturbados e agitados. As forças que haviam se reunido para a derrubada da Monarquia no país, ou seja, os fazendeiros paulistas ligados ao café, os setores sociais médios urbanos e o Exército, estiveram circunstancialmente reunidos em torno de seu objetivo comum, porém nutriam idéias bastante diferentes sobre a natureza e o teor do regime republicano a ser implantado na nação. Como se indicou anteriormente neste texto, havia projetos políticos distintos de República entre os participantes do movimento republicano. Liberais, militares corporativos, positivistas civis e militares, entraram em sérias disputas logo depois de proclamado o novo regime.

Não conseguiram sequer elaborar um "mito de origem" comum para a recém-proclamada República: "Deodoro, Benjamin Constant, Quintino Bocaiúva, Floriano Peixoto: a briga persistiu por longo tempo e pode ser seguida nos artigos e editoriais de *O Paiz*, o jornal de Quintino Bocaiúva, portavoz do oficialismo republicano. A dança dos adjetivos, definidores do papel de cada um desses homens, prossegue até os dias de hoje. A luta maior é pela qualificação de fundador, disputada pelos partidários de Deodoro e Benjamin Constant. Quintino é raramente fundador; com freqüência aparece como patriarca ou apóstolo. Em torno de Floriano há mais consenso, pois veio depois: ele será o consolidador, o salvador da república. Os que tiram de Deodoro a qualidade de fundador lhe dão, em compensação, o título de proclamador" (José Murilo de Carvalho, *A formação das almas*, pág. 37).

O autor citado acima chama a atenção para o ato de instauração da República, que possui valor simbólico inegável. De acordo com sua tese, bastante correta, na luta pelo estabelecimento de uma versão oficial para o 15 de novembro, pela constituição de um panteão republicano, assim como se deu e geralmente se dá em todos os momentos de transformação política, estava embutido o conflito pela definição do novo regime. O conflito, apenas verbal no início, acabou se explicitando em lutas políticas.

O Exército e a burguesia agrária paulista, principalmente, foram as forças políticas que se confrontaram na tentativa de controlar o poder na República, desde os momentos iniciais de seu estabelecimento.

Essas duas forças tinham motivos diferentes para o domínio imediato do poder republicano. O Exército aspirava ao poder por razões corporativas e ideológicas, enquanto que os fazendeiros de café tinham objetivos claramente econômicos. De início, o exercício direto do poder coube aos militares, com o marechal Deodoro da Fonseca como presidente, no comando da nação; entretanto, nos embates entre o grupo militar e a classe social, esta última acabou por levar a melhor.

A influência militar foi muito grande nos primeiros anos da República, sendo que os militares ocuparam inicialmente a metade dos governos estaduais do país. Mesmo em seu apogeu, contudo, dividiram o poder com o núcleo agrário exportador, os fazendeiros de café, fazendo-lhes concessões essenciais, até entregarem as rédeas do governo.

Várias razões existiram para o êxito da burguesia agrária dos grandes estados da nação. Em primeiro lugar, é preciso esclarecer que as forças em atrito não eram equivalentes quanto aos seus projetos. As Forças Armadas tinham um projeto bastante vago e fundamentalmente corporativo; além disso, não estavam unidas, apresentando inúmeras rivalidades em seu interior.

O historiador Bóris Fausto afirma, na obra *História do Brasil*, que as elites agrárias de São Paulo e Minas Gerais, pelo contrário, estavam coesas em torno da defesa de seus interesses econômicos: queriam assegurar a supremacia política da área agrário-exportadora e estabelecer os mecanismos tributários e financeiros capazes de garantir sua expansão. A burguesia cafeeira paulista, em especial, era uma classe em franca expansão econômica devido ao *boom* cafeeiro, que se prolongaria desde 1889 até 1894. Cumpre destacar que apesar de seus "altos e baixos", o café foi a principal riqueza nacional até 1930 e um produto importante para as exportações brasileiras durante várias décadas.

A CONSTITUIÇÃO DE 1891

Com a Proclamação da República, deixou de vigorar no Brasil a Constituição de 1824, que regera a vida da nação durante o período imperial. Logo após 15 de novembro de 1889, o Governo Provisório nomeou uma comissão para elaborar o projeto da Constituição, a ser apresentado ao futuro Congresso Constituinte da República dos Estados Unidos do Brasil. Elaboraram-se três anteprojetos, mais tarde reunidos num só, que foi apresentado ao governo em 30 de maio de 1890. O ministro Rui Barbosa fez a revisão do projeto da Constituição, aprovado por decreto em 22 de Junho de 1890; com pequenas modificações foi apresentado ao Congresso Constituinte, instalado sob a presidência de Prudente de Morais em 15 de novembro de 1890. Em 24 de fevereiro de 1891 foi promulgada a primeira Constituição da república.

Essa primeira constituição republicana tinha espírito liberal, sendo fortemente presidencialista, federativa e democrática, calcada nos moldes da Constituição Norte-Americana de 1787.

Constituía-se o Brasil numa federação de vinte estados, aos quais se concedia ampla autonomia, econômica e administrativa. Esses estados seriam governados por um presidente eleito diretamente pelo povo, com mandato de quatro anos. O presidente da República, também eleito pelo sufrágio universal direto do povo, governaria por quatro anos, constituindo o Poder Executivo. Os membros do Congresso Nacional, órgão do Poder Legislativo, composto do Senado Federal e da Câmara dos Deputados, eram também eleitos diretamente pelo povo, os deputados para um período de 4 e os senadores para um período de 9 anos. O Supremo Tribunal Federal era o órgão superior do Poder Judiciário. Consagrava-se ampla liberdade individual, política e econômica, e tornava-se o Estado laico, sem religião oficial (*Novo dicionário de História do Brasil*, pág. 200).

Os vinte estados brasileiros tinham autonomia para elaborar sua própria constituição, eleger seus presidentes (governadores), contrair empréstimos no exterior, decretar impostos e possuir seu próprio efetivo militar. O presidente da República, o chefe da Federação, tinha poderes para intervir nos estados em casos de intuitos separatistas ou conflitos internos e externos. Se as características federativas e presidencialistas da Constituição estão aí largamente evidenciadas, suas características democráticas eram restritas. Ainda que o povo elegesse diretamente o presidente da República, dos estados e os membros do Poder Legislativo, em todos os níveis, estavam impedidos de votar os analfabetos, as mulheres, os soldados e os menores de idade.

Com a primeira constituição republicana, a Constituição de 1891, apelidada como "Benjamin Constant", triunfou o ideário liberal e o federalismo dos republicanos históricos, adeptos de um modelo político semelhante ao dos republicanos norte-americanos. O apelido dado à Constituição revelava mais um respeito e uma homenagem ao líder positivista do que uma influência efetiva do positivismo nas leis do país. De fato, a marca positivista aparece em alguns poucos pontos, como a separação da Igreja e do Estado no Brasil, a instituição do casamento civil e a laicização dos cemitérios, entre outros.

Na verdade, foram os princípios liberais que dominaram o espírito da primeira carta constitucional republicana, cuja diretrizes básicas se referiam à ampla autonomia política e administrativa para o estados brasileiros e à forma federativa de organização do poder.

Os primeiros governos republicanos demonstravam a composição militar/civil do novo regime: marechal Deodoro da Fonseca (1889-1891), Marechal Floriano Peixoto (1891-1894), Prudente de Morais, civil e paulista (1894-1898), e Campos Sales, também civil e paulista (1898-1902). Com a dupla Prudente/Campos Sales, a hegemonia política paulista estabeleceu-se no país. A República tornou-se decididamente civil, sendo o projeto político dominante, de cunho liberal e federativo, o dos cafeicultores paulistas. A articulação e a competência política da burguesia do café, bastante conhecidas, expressaram-se ao longo de todo o primeiro período republicano até 1930, quando seu projeto de dominação política não mais se adequou à realidade nacional. Como atestam os vários estudos sobre a República no Brasil, entre eles o de Bóris Fausto, já mencionado, essa burguesia agrária vinculada ao café não foi simplesmente beneficiária da ação do Estado, mas forjou suas instituições e usou-as como instrumento de seus interesses.

Nas lutas pela implantação do regime republicano no Brasil, como vimos, várias correntes de pensamento e de ação estiveram presentes, exprimindo a movimentação que se deu no mundo das idéias e das mentalidades. Entre os republicanos, terminaram por prevalecer as teses ligadas à corrente liberal spenceriana e federalista, que, afinal, concretizaram-se e caracterizaram a República em nosso país, a partir dos governos de Prudente de Morais e Campos Sales. Costuma-se afirmar que o ideário republicano paulista sagrou-se vencedor, em meio às várias e diferentes idéias da época. Aqueles que haviam se inspirado na tradição da Revolução Francesa, que favorecia uma visão mais rousseauniana do pacto social, mais popular e centralista ao estilo de Silva

Jardim, Lopes Trovão, Joaquim Serra, e que haviam lutado por uma República radical e revolucionária, estavam definitivamente alijados do poder.

REFLEXÃO E DEBATE

1. A República surgiu em função de importantes mudanças que vinham ocorrendo no país desde a década de 1870. Aponte e comente essas mudanças.
2. "A Abolição e a instalação da República correspondem, no plano político- institucional, à emergência do capitalismo no Brasil." Justifique essa afirmação.
3. Desde a fundação do Partido Republicano no Brasil, em 1870, seu ideário político disseminou-se no país através de ativa propaganda. Quais eram os principais pontos dessa propaganda?
4. No interior do Partido Republicano conviviam duas tendências políticas distintas e igualmente importantes. Quais eram elas? O que propunham?
5. Silva Jardim foi um propagandista apaixonado da República, tendo sido considerado um radical. Explique.
6. Quais foram as forças sociais e políticas vitoriosas com a instalação da República? Silva Jardim pode ser considerado um vencedor?

Temas

"Sim, cidadãos, a marcha humana nos leva
ao governo do homem pelo próprio homem;
à substituição da aristocracia pela nação;
do súdito, pelo cidadão, do velho regime,
pelo novo; nos leva, enfim,
ao governo republicano."

Silva Jardim

A causa republicana e os ideais de transformação política do país foram, sem dúvida, os temas centrais do pensamento de Antônio da Silva Jardim. Entre os anos de 1888 e 1889, especialmente, lutou o tribuno fluminense contra o regime monárquico, que imperava no Brasil desde sua independência, em 1822; batalhou, sem cessar, pela derrubada da Monarquia e pelo advento da República, sendo este o objetivo primeiro tanto de suas conferências, falas públicas apaixonadas, quanto dos seus escritos. Entretanto, os seus discursos políticos trataram de uma temática variada, e, assim, mostraram a reflexão que realizou, por exemplo, nos campos do conhecimento socioeconômico e cultural. Nesta terceira e última parte deste trabalho, cotejaremos suas idéias sobre a política nacional, problemas sociais, abolição, racismo e economia.

SILVA JARDIM E A POLÍTICA

Uma das conferências mais importantes realizadas por Silva Jardim foi a que proferiu no Clube Republicano de São Paulo, na noite de 7 de abril de 1888. Tal palestra, intitulada "Salvação da Pátria" (Governo Republicano), foi publicada em maio de 1888 em Santos pela tipografia "a vapor" do *Diário de Santos*, através da iniciativa de republicanos santistas que buscavam imitar, de acordo com sua próprias palavras, a ação dos seus correligionários paulistanos e campineiros, que já haviam publicado outros trabalhos de propaganda do tribuno republicano, bem como de outros oradores empenhados na vitória da causa republicana no país.

Esse opúsculo pedia, como afirmam os editores na apresentação da publicação, o advento da República no país, "em nome da ciência e da filosofia, pela dedução histórica, e pela análise da situação atual", devendo ser considerado como prólogo de outro, já publicado em São Paulo, *A Pátria em perigo*, bem como do anexo que se lhe seguia, publicado em Campinas, sob o mesmo título de *A Pátria em perigo*, segundo opúsculo, suplementar. Do ponto de vista teórico, esses opúsculos se assemelham, havendo mesmo certo encadeamento metodológico e temático entre eles. Na verdade, a publicação desses trabalhos era a conseqüência das manifestações políticas dos *meetings* de Santos e de Campinas.

O clima que antecedia a fala do conferencista, registrado historicamente, era um misto de comoção, ansiedade, tensão e alegre agitação. O orador, por sua vez, dirigia-se até a tribuna, sendo recebido por alguma autoridade representativa do clube ou da associação, sempre com vivas e palmas. Nessa conferência do Clube Republicano de São Paulo, por exemplo, quem recebeu Silva Jardim foi o Presidente do Clube

Republicano, Dr. Cerqueira César, enquanto o auditório lhe dispensava prolongada salva de palmas. O orador, nesse dia, invocou a "patriótica atenção" dos ouvintes e principiou enaltecendo o valor do dia 7 de abril de 1831, quando Dom Pedro I abdicou do poder em favor de seu filho, pressionado pela "voz indignada da Pátria generosa". O príncipe, ambicioso e despótico, foi destituído do poder não por um povo aniquilado e incapacitado, mas sim por um povo enérgico, capaz de grandes cometimentos. O recurso usado pelo palestrante foi recordar o glorioso feito da deposição de D. Pedro I, para que o mesmo inspirasse os brasileiros a agir contra uma monarquia carcomida e ultrapassada historicamente, no contexto republicano do continente americano. O feito recordado era reverenciado enquanto ato fundamental para a memória nacional, mas, sobretudo, como exemplo prático de ação política para os brasileiros de 1888. Para o conferencista, fora dos marcos do regime político republicano não havia saída histórica possível para a nação e o povo brasileiros. O republicanismo era a única via de salvação nacional, necessidade inexorável para o desenvolvimento histórico brasileiro no presente e no futuro.

Visão histórica e opção política

A estratégia do discurso era montada na visão histórica, positivista e "científica" de seu autor. A alma, isto é, o conjunto das funções do cérebro, seria composta pelo sentimento, que impele, pela inteligência, que esclarece, pela atividade, que realiza; cada uma dessas funções teria seguido, na marcha geral humana, uma lei própria, passando por três fases sucessivas.

Seguindo rigorosamente a "Lei dos Três Estados" formulada por Auguste Comte, Silva Jardim nomeava as três fases ou três estágios do desenvolvimento geral da humanidade através do tempo e do espaço: "o pensamento foi a princípio teológico, povoado de ficções, para chegar em nossos dias ao estado positivo, do domínio da verdade, tendo passado por um domínio metafísico, intermediário; a atividade foi ao começo guerreira, conquistadora, para se tornar afinal pacífica, depois de um período de defesa; o sentimento foi, na estréia das afeições humanas, doméstico, tendendo hoje a ser universal, após haver sido especialmente cívico. Em uma palavra, concepções científicas, ações republicanas, porque livres e industriais, para bem de todos, sentimentos universalmente fraternos, tal é o fulgurante apogeu a que o Homem atinge, depois de uma larga peregrinação através dos séculos, quase triunfante hoje do mistério cristão e da ilusão metafísica, da imobilidade teocrática e do privilégio monárquico, do egoísmo de família e das barreiras de nacionalidade e de raça. E concluamos afinal, Senhores, que, bem como na materialidade e na vida animal e vegetal o repouso é par do movimento, a estrutura é simultânea do crescimento, nas sociedades – o que a sã razão teórica indica, a observação dos tempos e dos indivíduos o confirma –, nas sociedades a fixidez é condição de marcha, a estabilidade condição de progressão real, que não a simples mudança, a Ordem coexiste com o Progresso, não sendo o Progresso mesmo outra coisa mais que o desenvolvimento da Ordem" (Antônio da Silva Jardim, *A salvação da Pátria (governo republicano)*, pág.7).

De acordo com o prosseguimento desse texto do conferencista, a síntese da evolução histórica da humanidade provaria que esta tenderia totalmente para o regime republicano. Acompanhando firmemente as idéias históricas do positivismo comteano, Silva Jardim afirmava que o período teológico inicial começou com o fetichismo, para desenvolver-se com o politeísmo e completar-se com o monoteísmo. Descrevia cada uma das fases desse estágio minuciosamente. O estágio metafísico era caracterizado, a seguir, com a transição do feudalismo para as formas iniciais do capitalismo na Europa; na modernidade européia, dos séculos XIV e XV até o século XVIII, a despeito de grandes progressos humanos – surgimento da atividade industrial, invenções, a imprensa, a descoberta da América e do caminho da Índia, o desabrochar das ciências e das artes –, o Homem ainda estava submetido às forças ditatoriais e aristocráticas do jugo real e monárquico, até pelo menos 1789, quando ocorreu a Revolução Francesa. O orador explicava cheio de exaltação: "A crítica destruidora continua; literatos e advogados fazem-se seus orgãos; Voltaire ataca o altar, mas respeita o trono, Rousseau ataca o trono, mas respeita o altar; Diderot, o Enciclopedista, colega de Hume, preparado por Fontenelle e seguido por Condorcet, quer reorganizar sem Deus nem Rei, ataca o trono e ataca o altar. (...) ... e o Passado desaba, é a tomada do castelo parisiense, 14 de julho de 1789! – é a Revolução Francesa! E a realeza retrógrada cai, Luís XVI é guilhotinado, 21 de janeiro! É a Revolução Francesa – que digo! É a Revolução do Ocidente, como o provam as simpatias de um Frederico e de um Goethe, é a Revolução Redentora do Mundo!" (*op. cit.*, pág. 12).

De acordo com o pensamento do orador, a Revolução Francesa, como marco central da história do Ocidente, abriu caminho para o terceiro estágio do desenvolvimento humano, o positivo. Apontava, ainda, para os desdobramentos econômicos, sociais e políticos do seu século, o XIX, primado do progresso e da razão, em que se implantavam gradualmente o Positivismo e as políticas republicanas. Assim, de modo taxativo, concluía que " o regime positivo, científico, afetivo e cívico se instala, baseado na separação das duas forças – a pensante e a material, para que a violência não imponha a idéia.(...) a pátria humana, a gloriosa França, chega em 1870 ao regime republicano. Não mais monarquia possível – força de um – quando o governo é filho da opinião, força de todos – *res publica* –, não mais poderes vindos de deuses, quando só a coletividade consagra as altas, como as pequenas funções; não mais privilégios aristocráticos, de família e de casta, quando o melhor título é a ciência em prol da virtude. Sim, Cidadãos, a evolução da História nos leva ao regime da atividade pacífica dirigida por crenças demonstradas: a Ciência substitui a Teologia, porque a demonstração sucede à revelação; a Indústria elimina a Guerra, porque a direção toma o lugar do comando. Sim, Cidadãos, a marcha humana nos leva ao governo do homem sobre o próprio homem; à substituição da aristocracia pela nação; do súdito, pelo cidadão, do velho regime, pelo novo; nos leva, enfim, ao governo republicano" (idem, idem, pág. 13-14).

Se a visão de Silva Jardim sobre a história do mundo ocidental, através do tempo, era positivista, linear e unívoca, afirmando a inexorabilidade da República como forma de governo para o terceiro estágio da caminhada humana, no Brasil as idéias republicanas eram uma espécie de destino não manifesto e em 1888 ainda permaneciam inconclusas, apesar de sua tradição no solo pátrio e da permanente ânsia dos brasileiros pela liberdade. Se como conclusão da observação histórica da América podia-se notar a inadequação e o absurdo da vigência de um regime político como a monarquia em um país americano tão jovem, por outro lado a salvação da pátria, o governo republicano, era o instrumento para que país chegasse ao terceiro estágio, o positivo, igualando-se às civilizações norte-americana e européias. Interpretando o passado brasileiro e sugerindo um futuro de progresso e paz social, o orador assegurava a seus ouvintes:

"Cidadãos, o Brasil, pelo seu passado afetivo e cavalheiresco, durante a época colonial e durante o Império; pelo seu passado progressista, republicano, revolucionário ou evolutivo, e pelo seu espírito atual, emancipado, independente e ordeiro, é um país que aspira, deseja e quer o governo republicano; a monarquia jamais prestou-lhe por si serviços reais, e ficou sempre isolada da Nação" (idem, idem, pág. 14).

A história brasileira foi reconstruída, nesse texto de Silva Jardim, como um caminhar em direção à República: desde o período colonial, com os movimentos nativistas, em especial a Inconfidência Mineira, até à Independência e os Reinados, ter-se-ia perseguido entre nós o ideal republicano. Ainda que frustrado primeiramente pela metrópole portuguesa e, depois da Independência, pelos monarcas de origem portuguesa, o objetivo republicano teria guiado o povo em sua luta quotidiana, qual farol em direção a um porto seguro. Toda a leitura da história da nação brasileira foi feita pelo pensador republicano, a partir das premissas positivistas, que aludiam a um sentido único de evolução humana, qual seja, a do estágio positivo, em que o governo republicano, do povo e para o povo, estabelecer-se-ia como conseqüência lógica e natural do desenrolar do processo histórico.

Cumpre registrar, em que pese a visão "científica" e positivista do tribuno, a exaltação de inúmeros indivíduos, brasileiros de ações notáveis, verdadeiros heróis da pátria.

Um panteão nacional foi constituído ao longo do discurso: depois de alguns nomes indígenas, o do português Antônio Vieira, os dos mineiros Felipe dos Santos e, sobretudo, José Joaquim da Silva Xavier, o Tiradentes, o de Domingos Martins e de outros envolvidos na insurreição de Pernambuco de 1817, o de José Bonifácio, Feijó e assim por diante. Ao lado dos grandes nomes, grandes feitos e movimentos em prol de um país republicano. Depois de explanar a história nacional por várias páginas desse seu texto (pág. 14 a 31), o autor chega finalmente aos acontecimentos das décadas de 1870 e 1880. Sua digressão sobre a história do Brasil não é somente motivo de recuperação histórica da idéia de República, como também convite à uma ação política republicana efetiva.

A interpelação à luta contra a autoridade monárquica era explicitamente feita, então, para que um compromisso político mais prático, de engajamento na causa republicana, fosse firmado pelos ouvintes: "Cidadãos! Para gozar da liberdade de pensamento e da atividade pacífica, é-nos mister instituir o governo republicano; e instituí-lo urgentemente, como solução de salvação única, atentas às condições da monarquia brasileira, que põe em risco a liberdade e o trabalho. Sim, porque, sem exagero de frase, baseados na melhor observação histórica, podemos dizer que a Pátria está em perigo" (idem, idem, pág. 35).

Sempre com um sentido de convocação patriótica, Silva Jardim conduzia o discurso em direção ao apoteótico final: "Sim, Senhores, atentas as condições da monarquia brasileira, que põe em risco a liberdade e o trabalho, é a república que é mister proclamar, é o governo republicano que é urgente, muito urgente, instituir. Que mais devemos esperar? Poderíamos ter esperança na deslocação da sucessão? Um Pedro III, porventura? (...) A nação brasileira está evidentemente preparada para a instituição da república. São muitas as forças da nossa comunhão emancipadas da tutela teológica e da tutela monárquica...(...) Como? Cidadãos, nós estamos em situação idêntica à da Nação Francesa, nas vésperas de sua grande Revolução.(...) Reformas! Reformas! Pede hoje o Brasil; e a monarquia, não obstante vê-las firmadas na consciência pública, é incapaz de decretá-las...Como, pois, instituir a república? O que fez a Nação Francesa? A Revolução. O que devemos nós fazer também?

A Revolução; que, no nosso caso, seria um 7 de abril: uma intimação positiva de retirada ao Poder. (...) Nós podemos, pois, ter a república: estamos para ela preparados, e devemos procurar tê-la o mais breve que nos for possível, pois o momento certamente é solene na vida da Pátria" (idem, idem, págs. 39 a 40 e 46 a 47).

Com invocações finais pela República, o orador era calorosamente aplaudido, como costumava acontecer sempre depois de seus discursos, e abraçado por grande parte do auditório, que, no curso de sua fala, o interrompia muitas vezes, com apoiados, apartes confirmadores e aplausos.

Se a sua leitura da história brasileira apontava para um passado de republicanismo constante, ainda que utópico, e para um futuro de afirmação e glórias republicanas, o presente monárquico do país era analisado de modo crítico e implacável.

Contra o Trono e o Império

O regime monárquico foi objeto da reflexão e da censura de Silva Jardim em grande parte de suas conferências e de seus textos. Apontado como regime político da fase metafísica do desenvolvimento da sociedade européia ocidental e, portanto, inadequado para qualquer nação no final do século XIX, época de progresso crescente, tanto do ponto de vista material quanto do ponto de vista mental e cultural, tal sistema deveria ser derrubado a qualquer custo.

No Brasil, a monarquia seria ainda menos cabível por ser o país jovem, situado na América, um continente novo e promissor, onde, desde 1776, os Estados Unidos haviam proclamado a sua independência e a sua República.

Além de anacrônico e artificial, o Império brasileiro demonstrava uma crise geral de seus fundamentos e bases, traduzida na insatisfação de vários setores sociais e instituições. O tribuno gostava de recordar, em 1888, o movimento abolicionista e as questões militar e religiosa como sintomas evidentes de um regime decadente, obsoleto, inoperante, em suma, em colapso generalizado. As imagens de um Império doente e de um imperador enfermo eram figuras retóricas utilizadas com evidente prazer em vários de seus discursos.

Pedro II e toda a família real eram alvo de ironia sutil e fortes recriminações no discurso crítico de Silva Jardim. O monarca era caracterizado como "quase preguiçoso" e sua política, "durante um dos mais longos reinados registrados pela história", avaliada como fraca para garantir as liberdades e os empreendimentos demandados pelo presente e pelo futuro.

Às vezes, o perfil do imperador e de seu governo eram delineados a partir de negações, para compor um quadro de total inutilidade e incompetência do Segundo Reinado: "Seu governo foi egoísta, do começo ao fim: o quero já, quero já, da maioridade, indica a ambição precoce de poder; o obrigado, MEU POVO, eu voltarei breve, a consciência vaidosa de um domínio absoluto, e a oca presunção da necessidade de sua pessoa. Nem sábio, nem artista, nem político, nem reformador, nem empreendedor, nem guerreiro, nem estadista, nem homem de coração, nem pessoalmente virtuoso; o País chamou-o de nome significador de sua inércia, antes da ciência julgá-lo um doente, um agitado" (idem, idem, pág. 33).

Depois de considerar, no mesmo texto, que D. Pedro II não havia deixado nem um livro ou descoberta, nem um poema ou um quadro, nem verdadeiras amizades internacionais, nem instituição boa, nem empresas, nem vitórias, nem leis, nem atos de bondade ou virtude, o propagandista o acusava de pedantismo científico e artístico, de estabelecer um regime de má-vontade entre o Brasil e as repúblicas vizinhas, de abandonar à própria sorte as províncias, de manter a escravidão, maltratar amigos e de criar uma reputação dúbia para um homem de lar... Essa violenta peça política chegava a um final cruel: "Corromper foi a sua divisa: corromper inteligências, sofismando teorias; 'também era republicano'; 'aplaudia o positivismo', 'era abolicionista', dizia; corromper caráteres e corações. Nem mesmo *touriste* (turista) foi: caminhava, não viajava porque de suas viagens nada se aproveitou: vindo de nações adiantadas, caminhou sempre na retaguarda da sua nação, que quis deixar monárquica, clerical e com escravos. Foi, entretanto, ingrato para com os sustentáculos do trono, mandou prender bispos, e enganou aos lavradores: sempre o capricho de criança, que devia terminar na demência de velho..." (idem, idem, pág. 33-34).

O período final do Império no Brasil era definido em cores fortes e dramáticas, estando nesse quadro retratados um reinado moribundo e um rei enfermo, incapaz de comandar e governar a nação.

De acordo com a visão de Silva Jardim, Pedro II não era sequer uma esperança: indiferente do ponto de vista político e inútil do ponto de vista histórico. Os últimos dias do monarca revelariam grave perturbação de seu estado mental; cansado de um longo e difícil reinado, fixado em minúcias e intrigas políticas, fatigado pela memorização de retalhos de erudição científica, o governante revelava leviandade nos ditos e irritação nos modos... Na Europa o Imperador permanecia insensível à agitação do país, despreocupando-se totalmente de seus negócios e acontecimentos. Inerte diante da mudança na direção política do Brasil, ignorava as coisas brasileiras, demonstrando por elas um descaso doentio. Com o juízo perturbado, Pedro II viveria em Cannes, em passeios, fazendo literatura provençal, alimentando a curiosidade restante em festas infantis...O tribuno era enfático: "Para a vida pública é um homem inutilizado: após a fase da agitação, caiu na fase comatosa, de prostração longa e insanável, em que medram as forças físicas, atrofiada a marcha cerebral. Como quer que fosse, faltar-lhe-ia doravante prestígio para o governo do País: um rei louco é um rei morto... É por isso que já o aulicismo indiferente e a nação ansiosa perguntam se rei morto será rei posto" (idem, idem, pág. 37).

Os "reis a pôr" não tranqüilizariam tampouco o espírito nacional, de acordo com a opinião de Silva Jardim. Inútil buscar uma saída política na sucessão do Império. Isabel I teria pouco a prometer; esposa de um Orléans e filha de um Bragança, proviria de uma "casa de aventureiros e argentários, sem exceção, e de uma casa de pobres de espírito e de ambiciosos de poder" (idem, idem, pág. 38), apresentando o perfil de uma mulher frágil, de espírito ignorante e fútil. Suas qualidades negativas eram reforçadas sem piedade: educada pelo marido, não na religião, mas como uma carola de sacristia, e em saraus burgueses, dificilmente poderia realizar as reformas pedidas urgentemente pelo país; sem qualidade alguma para o governo da nação, a princesa Isabel não seria sequer apta para o governo de uma casa, gastando seus dias em carnaval de batalhas de flores, cercada por artistas, cheia de caprichos femininos... Pior do que Isabel, apenas seu marido, Gastão de Orléans, o conde D'Eu, conivente com as criançadas da regente, mas, na verdade, um explorador do poder.

Alvo predileto da ira do republicano, o conde francês era denegrido pelo seu berço aristocrático e despótico, e, sobretudo, pela sua personalidade, de características quase que malignas. Acusado pelo tribuno de haver feito um casamento de conveniência e de negócio, o marido da princesa regente foi por ele assim descrito: "Papista, clerical, intolerante, belicoso e atrevido; monarquista de direito divino, em seu domínio, que não governo, as questões se resolverão pela espada... Aristocrata, supondo-se superior em sangue aos demais homens, será por ela que paternalmente nos guiará. Seu ideal é manifestamente a guerra e a intolerância: aí ficou para prova seu voto único, em Conselho de Estado, por uma solução violenta em relação à república Argentina, em fundo nação tão nossa amiga, e nossa irmã; aí ficou para prova sua brutal interrupção da lição de história de um professor brasileiro... O direito de reunião já foi violado. A indústria ficará sufocada no berço, o trabalho será desorganizado, a escravidão sofismada, a agricultura será ainda rotina, e o País será militarizado: o exército nacional será empregado em esmagar as tentativas de reorganização da Pátria..." (idem, idem, pág. 38 a 39)

O quadro sombrio da família imperial pintado pelo propagandista republicano correspondia à uma estratégia política habilidosa e eficaz: como os membros da família real eram a encarnação da monarquia, a alma e a concretização do II Império no Brasil, desqualificá-los e atacá-los era o mesmo que desprestigiar e contestar o regime vigente. Aliás, colocar-se contra o monarca era, também, posicionar-se contra a monarquia na nação brasileira. Se os ataques mais emocionados de Silva Jardim foram dirigidos à família imperial, com o intuito de derrubar o regime monárquico no país, a própria essência da monarquia foi combatida do ponto de vista filosófico e político, e a sua falência radiografada através de vários fracassos e crises.

Em muitos de seus discursos e de suas publicações, Silva Jardim manifestou-se contra o sistema de governo monárquico, condenando a sua permanência, fora de hora, no Brasil. Se os tempos modernos e o seu regime eram de ciência e de indústria, de liberdade e de paz, deveriam ser banidos para sempre a teologia, o despotismo, a guerra, a monarquia, sinais de um passado que era necessário erradicar e ultrapassar.

Dessa forma, o orador fazia um percurso histórico desde a emergência do cristianismo e do feudalismo no Ocidente até a modernidade européia e a Revolução Francesa para chegar ao final do século XIX. Ainda que longo, o trecho, reproduzido a seguir, torna bastante clara e viva a condenação doutrinária do Antigo Regime no Velho Continente, usando como recurso retórico a análise inicial do presente, em contraposição a um passado distante, felizmente deixado para trás: "Vede: expira o século XIX, transmitindo aos tempos os germens da mais profunda das revoluções: substituição de crenças fictícias por concepções reais; queda de um sistema provisório, reinado do sistema definitivo. Que importa que a religião do grande São Paulo tenha, pela sabedoria de seus padres, alastrado o Ocidente com o cultivo do coração? Que importa que o feudalismo, de purificação em purificação, haja instituído o proceder cavalheiresco e o culto da Mulher pelo da Virgem? Eram os fados; e o mundo viu, de um lado o poder temporal, e do outro o espiritual ruírem portanto. As comunas, senhoras da indústria e de uma nova propriedade, a do trabalho, que não a territorial, libertam-se, gérmen da nova ordem política; e o saber positivo, que afugenta ficções, a física, sempre acima da metafísica, penetra na Europa, vinda do Oriente com os filhos de Maomé — sintoma da nova fase espiritual. O livre exame percorre veloz as almas sedentas de razão; a reforma avança destruidora, Galileu fere de morte a teologia com a descoberta do duplo movimento da terra; Gutenberg dá a cada inteligência uma voz alto-clamante com a Imprensa; Franklin tira o raio das mãos dos deuses e o submete ao poder humano; Diderot, o grande enciclopedista, vota pela reorganização, sem Deus nem Rei; têm-se constituído as ditaduras monárquicas, abafando as múltiplas coroas feudais; mas a seu turno as monarquias vêem ante si o problema da república, a tempestade largo tempo elaborada desaba, e o mundo, no ansiar esperançoso de uma nova ordem, pasma ante os clarões de 89! 1º de janeiro de 1789! Prenúncio da era moderna! O espírito que acendia o patriotismo da imortal Convenção abrasava o formidável Danton, corria o planeta, chamando a postos as novas gerações; supremo anelo, a fraternidade universal!" (Barbosa Lima Sobrinho (org.) – *Antônio da Silva Jardim – propaganda republicana*, pág. 64 a 65).

Ao sintetizar o progresso e a evolução social da humanidade, o autor afastava a possibilidade de que o Brasil permanecesse, de modo anacrônico, atrelado a um regime fora de época, em total desacordo com as aspirações de modernidade do final de um século de transformações, o XIX.

A nação brasileira, se seguirmos a lógica do discurso republicano, não poderia mais sofrer o despotismo, a repressão da liberdade de pensamento, de exame, de discussão, de exposição, de ensino, de comércio, de indústria, próprios da monarquia e dos poderes da realeza. Era imperativo impedir o advento de um Terceiro Reinado, que prefigurava um futuro ainda mais difícil e escuro para o país.

Se do prisma teórico e, mesmo histórico, justificava-se a queda do regime monárquico, a pátria, de modo muito concreto, estava atravessando inúmeros problemas econômicos, políticos e sociais nos momentos finais do II Reinado. Todas as mudanças capitalistas, efetivadas principalmente depois de 1870, teriam sido feitas pelo esforço da sociedade brasileira, empenhada no desenvolvimento material e cultural, cuja continuidade, entretanto, estava continuamente ameaçada pelo governo monárquico, inoperante e atrasado. A monarquia no Brasil naquele momento representava concessão política, mas, muito mais grave, a reação, uma reação à reformas imprescindíveis a um país que mudara tanto nas décadas finais do século XIX, uma reação, portanto, extremamente conservadora.

O Brasil tinha um problema fundamental a resolver: a questão da escravidão. Mas, as proposições republicanas, nos inícios de 1888, antes da abolição formal e final do trabalho escravo no País, já antecipavam os problemas decorrentes da alteração nas relações de produção. Haveria problemas a resolver depois de banida a escravidão: o do trabalho, o do salário, o das relações entre trabalhadores e proprietários, entre outros. A assinatura de um decreto acabando com o regime de trabalho escravo seria simples e já muito tardia no entender de Silva Jardim; bastaria uma lei com dois artigos únicos: o primeiro declararia a abolição da escravidão na nação e o segundo seria um pedido público de desculpas ao mundo pelo atraso injustificável da medida.

Se o tribuno admitia como próximo o fim da escravidão, tinha certeza absoluta da incompetência de Isabel para administrar o país depois da libertação dos escravos. Com a abolição da escravidão, caía a monarquia, uma vez que as relações escravistas haviam sido a base da dominação imperial; a princesa regente estava despreparada para assumir a gestão de um mercado de trabalho livre.

Além da escravidão, o Brasil apresentava, no final da década de 1880, inúmeras questões, da mais variada ordem, cuja resolução era de essencial importância para o seu destino e porvir: "Poderá Isabel I fazer frente a outro temeroso problema, o da agitação surda, o da revolução latente, pelo cansaço no pedir as reformas, que alastra de Norte a Sul? Vede, meus Senhores, que não há província do Brasil que se sinta bem; vede: em quase todas têm desejos vagos de rebelião, tendências manifestas à reação, à dissolução política, a doloroso desmembramento... Corolário da férrea centralização administrativa, o Pará solta brados de desespero e ameaças de autonomia, e São Paulo de tempos que começa a querer fazer valer seu passado e seus progressos... O Rio Grande do Sul é experimentado nestas manifestações de independência local; o heróico decênio de 35-45 e a sombra dos caudilhos revolucionários o demonstram bem. Por toda a parte a direção do Estado provoca desgosto; em quase todo o Norte a pobreza; em parte, a miséria; no Maranhão, a ausência da ordem pública... Em Minas, a luta aberta e contraditória entre um poder municipal coerente e um chefe executivo servil; na nossa província conflitos com abolicionistas por um desengano que cedo vem vindo a escravocrata, e na vossa capital agrícola, na bela cidade livre de Campinas, a manutenção obstinada de desordeiros que trocam a farda honrosa de capitães do exército pela miserável japona de capitães... do mato! (Aplausos) A dívida pública, enorme; as finanças do País, desorganizadas; os impostos, elevados; o trabalho, raro; o crédito, manco; o comércio, abalado; o desequilíbrio econômico, assustador... Pois poderá Isabel, a princesa lírica, a musical princesa (riso) fazer frente a estes e outros urgentes problemas políticos?" (*op. cit.*, pág. 60).

O incremento da propaganda em prol da República, além de toda a grave situação mencionada, fazia com que o governo monárquico empregasse mais a violência contra os opositores do poder, empregando as armas e reprimindo com energia as manifestações contrárias ao regime.

Como afirmava Silva Jardim, todas as reações seriam vésperas de Revolução, e o poder tornava-se mais tirânico quando sentia a sua fraqueza crescer diante da opinião pública. Era a posição da monarquia no Brasil, que usava métodos cada vez mais duros e truculentos para impedir o avanço republicano. Após os acontecimentos ocorridos na Sociedade Francesa de Ginástica, no dia 30 de dezembro de 1888, quando uma conferência do tribuno fluminense foi interrompida com atos de violência praticados pela Guarda Negra, com o beneplácito da polícia da capital do Império, o citado tribuno publicou, em janeiro de 1889, a sua famosa "Carta política ao País e ao Partido Republicano". Denunciava o desmando e autoritarismo do regime e a força bruta da Guarda Negra, espécie de grupo paramilitar formado por negros e manipulado pelo Império, recém adepto do abolicionismo, após a promulgação da Lei Áurea, do dia 13 de maio de 1888. Nessa carta, mostrava que a propaganda republicana deveria se tornar cada vez mais ativa, sem esmorecer diante da censura, condenação e perseguição dos poderes instituídos; afinal, os acontecimentos do dia 30 de dezembro de 1888, haviam constituído o primeiro conflito direto sobre a questão da forma de governo e sobre a dinastia, opondo face à face, na cidade do Rio de Janeiro, a capital do país, a questão da Monarquia e da República.

Se a "pátria estava em perigo", à mercê de um poder monárquico corrupto, incapaz e injusto, só havia, como saída: a efetivação da tão almejada e esperada República, senhora absoluta do futuro e da esperança da nação brasileira.

A República sonhada

A República tão sonhada e esperada foi caracterizada de múltiplas formas por Silva Jardim e outros políticos do Partido Republicano. O propagandista republicano, entretanto, viveu sua breve existência em função do estabelecimento desse regime no Brasil e, em sua defesa, foi um dos mais apaixonados e metódicos. A organização republicana era pensada em linhas gerais, mas muito precisas: o tribuno procurou resumir a sua essência em alguns pontos centrais, destacando os aspectos importantes da nova ordem política.

Em primeiro lugar, a República no Brasil deveria efetivar a separação entre o poder espiritual e temporal, isto é, a separação entre a Igreja e o Estado, faces diversas de um poder, até então, uno. Haveria, assim, uma esfera de cidadania independente da posição religiosa dos indivíduos: casamento civil e registro civil de nascimentos e de óbitos.

O ensino deveria ser reformado, urgentemente, ampliando-se a instrução pública, de modo geral, e a instrução primária em particular. Como se sabe, durante o Império, o ensino esteve em mãos de particulares, principalmente religiosos. Com pouquíssimos estabelecimentos públicos de ensino (por exemplo, o Colégio Pedro II, no Rio), o regime monárquico havia entregue a instrução à iniciativa privada, o que limitava as oportunidades de escolarização aos que dispunham de recursos materiais para pagá-la, impedindo o acesso à escola da maioria da população brasileira. A República, de fato, tornou-se a responsável pela estruturação da rede pública de ensino, e conseguiu, especialmente no nível primário, alargar significativamente a instrução pública, construindo e mantendo em funcionamento os conhecidos "grupos escolares". Nas primeiras décadas da República, na praça mais importante e central das cidades paulistas, erguia-se o edifício imponente do "grupo escolar", evocando a base da cidadania republicana: o ensino elementar para o exercício do voto e da participação política.

No plano econômico, pensava-se numa exploração mais produtiva e racional das riquezas do território. As atividades econômicas se diversificavam no país e era necessário estimulá-las. Propunha-se, portanto, ao lado do desenvolvimento da indústria, ainda em sua primeira fase de instalação e crescimento, a melhoria da agricultura, ou seja, a mecanização e modernização das atividades agrícolas.

Na estruturação do poder republicano, o federalismo deveria predominar, com grande autonomia político-administrativa para os futuros estados brasileiros. Visava-se uma melhor divisão do poder, uma divisão mais adequada do território nacional, ao lado da melhor administração de cada região ou província. A escolha dos representantes da nação deveria obedecer novos critérios, atentando-se para a sua melhor distribuição pelas diversas zonas. Eram necessárias tanto a reforma legislativa quanto a codificação da legislação civil. O que estava em pauta evidentemente era a supressão da hereditariedade monárquica e a mudança da forma de governo.

Apesar das idéias diferentes dos republicanos evolucionistas e radicais sobre o teor da República a ser instalada no Brasil, e as formas e os métodos para a sua implantação, havia um patamar comum que unia a todos, isto é, a luta pela proclamação do novo regime no país. Em manifesto ao Partido Republicano, em 1889, Quintino Bocaiúva deixava esse ponto bem patente e evidenciado: "No partido republicano como no próprio País correm hoje paralelas duas correntes: a evolutiva e a revolucionária. Ambas, porém, correm para o mesmo oceano. Aqueles que supõem existir no seio do nosso partido divergência ou cisão, enganam-se de meio a meio. Como a aspiração e o ideal são comuns às frações que representam as duas correntes, se a ação se divide ainda nos dois métodos diversos, a responsabilidade e a solidariedade as vinculam fortemente e, unidas em espírito, marcham ambas para o mesmo alvo, alentadas pela confiança no povo, pela mesma fé e pela mesma esperança da felicidade da pátria, robustecidas enfim, pela consciência do dever político que nos impõe todos os sacrifícios" (Reynaldo Carneiro Pessoa, *A idéia republicana no país através dos documentos*, pág. 159).

Quintino Bocaiúva foi eleito para a chefia e a presidência do Partido Republicano em maio de 1889. Com todas as diferenças e com todos os desacordos que Silva Jardim nutria quanto à condução partidária, após maio de 1889 e até o momento da Proclamação da República, em novembro do mesmo ano, nunca deixou sua atividade de propaganda em prol do regime republicano: os inimigos principais continuavam a ser o Império, o trono, o regime político vigente no país. Eleito Bocaiúva, Silva Jardim declarou que o fato de não ter nele votado não o impedia de saudá-lo como a um ilustre correligionário, pelo cargo a que havia sido elevado. Não obstante, guardava independência, sem hipotecar concurso, nem ameaçar hostilidade. Confessava, ainda, ter respeito pelos seus serviços "intermitentemente prestados à propaganda republicana revolucionária no terreno moral" e estima por ser ele um republicano mais velho; malgrado a divergência entre ambos, reconhecia o tratamento pessoal cavalheiresco que Bocaiúva sempre havia demonstrado para consigo.

As idéias do propagandista sobre o regime republicano e os instrumentos para sua efetivação, no entanto, eram diversas das teses vencedoras no Congresso Republicano de maio de 1889, conforme já foi salientado anteriormente.

A República proposta por Silva Jardim era popular, radical, revolucionária, jacobina. Admirador de Danton, mas não de Robespierre e do terror, sempre enfatizou a necessidade da revolução e de drásticas reformas para o país, de modo a evitar que este, com o regime republicano, continuasse a ser um império sem imperador. A revolução era uma proposta central no imaginário político do propagandista, tanto em relação aos métodos do movimento quanto em relação ao seu objetivo final: "Tudo isto é caminho para a Revolução, se isto já não é a Revolução, se a Revolução já não tem sido isto. Pela palavra Revolução eu não entendo o armamento de milhares de homens, voluntários ou mercenários, contra outros milhares: isso seria a guerra civil. Com franqueza, não creio que devêssemos fazê-la, porque seria a prova de que não estava conosco, como apregoamos, a unanimidade da nação. (...) Pela palavra Revolução eu entendo hoje o que a 26 de maio entendia e exprimia: uma agitação em que pequenos motins não tirem o caráter geral de paz ao movimento; bastantes contudo para enfraquecer de todo as forças monárquicas e destruir o Império. O que absolutamente não podemos é abandonar o exercício dos nossos direitos; e nesse exercício não devemos recuar um momento, e aceitar a luta em todo o terreno, sem excluir, até desejando, como uma inépcia monárquica e uma vantagem republicana, a luta de mão armada" (Muito bem! Muito bem! Aplausos. Palmas prolongadas). (Barbosa Lima Sobrinho (org.) – *Antônio da Silva Jardim – propaganda republicana*, pág. 347 a 348.)

Havia, dessa forma, a crença de que, como conseqüência da revolução assim compreendida, chegar-se-ia à vitória, à República. O patriotismo republicano venceria agregando e conquistando todos os setores sociais: as forças militares, a burguesia, as classes proprietárias do comércio e da lavoura, o proletariado, sobretudo o negro, e, até mesmo, os funcionários da administração pública e os grandes políticos do Império.

O ideário político republicano apresentava como síntese o lema "liberdade, igualdade, fraternidade". Nessa direção, dois fundamentos básicos eram afirmados: a soberania nacional, como única fonte de poderes legítimos, e o sufrágio universal, como o instrumento da vontade popular, como manifestação da direção política a seguir. Evidentemente, além das idéias políticas básicas, havia proposições referentes à administração, à economia e à sociedade. O moderado Quintino Bocaiúva enfatizava a importância das idéias sociais republicanas: "O regime republicano tem também, como acima o disse, a sua idéia social. Essa idéia é a da emancipação dos proletariados, tanto a daquele que anda acorrentado pelas algemas da ignorância como a daquele que, vítima das desigualdades sociais e políticas, vive arrastando a calceta da miséria pelo trabalho mal remunerado" (Reynaldo Carneiro Pessoa, *A idéia* ..., pág. 156).

Silva Jardim endossava essa proposição republicana social básica, qual seja, a da emancipação proletária, e, por diversas vezes tratou do tema em suas palestras e textos. Conhecer um pouco do pensamento social e econômico de Silva Jardim é o próximo passo de nossa análise.

SILVA JARDIM E
A QUESTÃO SOCIAL

Embora adepto de transformações e reformas das instituições do país, Silva Jardim, no cômputo geral de sua visão socioeconômica, apresentava um pensamento que seria considerado hoje em dia reformista, mas, de modo algum, radical ou de ruptura drástica com a ordem social vigente.

Seguindo de perto as proposições positivistas de Comte, mesmo depois de seu rompimento com a ortodoxia positivista nacional, o orador republicano imaginava uma sociedade mais justa, mais equilibrada, porém jamais igualitária no sentido socialista ou comunista do termo. Para ele, a sociedade apresentava, quase naturalmente, uma hierarquia e uma diferença de valores, capacidades e possibilidades entre os seus membros, difícil de ser contornada, ou mesmo, desejada. De certa forma, ir contra leis atávicas da organização social seria rebelar-se contra a própria lei natural do Homem.

Em uma conferência pública, realizada em 27 de outubro de 1888, no Teatro de S. Pedro de Alcântara, a convite da Associação dos Empregados no Comércio do Rio de Janeiro, o orador fluminense explicitava suas posições sobre os princípios regedores da vida das sociedades humanas. Assim como uma pedra cairia livremente por uma fatalidade natural, obedecendo ao princípio da gravidade, que a traria para a terra, também na sociedade, o Homem gozaria de verdadeira liberdade quando pudesse realizar uma função social, cumprindo o seu dever livre dos impulsos das paixões egoístas, sem outros incitamentos que não morais. Afirmava ainda de maneira contundente: "Pois a igualdade absoluta não existe; uma tal concepção seria absurdo que a filosofia natural e a filosofia social repeliriam, porque a primeira mostra as distinções físicas, intelectuais e morais que os homens apresentam; e a segunda demonstra a sua necessidade de uma ação livre, de uma liberdade inteira, que um tal nivelamento viria atacar como a maior tirania e o maior atentado: a igualdade absoluta impediria, pois, a liberdade! (Aplausos prolongados.) Pois a fraternidade não é essa utopia, a de apresentar a face direita a quem esbofeteou a esquerda, mas sim cousa compatível com a mais plena dignidade e ao mesmo tempo com a submissão, que a seu turno é compatível com a independência. Portanto, os verdadeiros pensadores deixarão de procurar nivelar ou fundir as classes, para harmonizá-las todas, reconhecendo a cada uma direção própria" (Barbosa Lima Sobrinho (org.) – *Antônio da Silva Jardim – propaganda...*, pág. 217).

Se a igualdade absoluta era uma quimera e, no fundo, um malefício, o propagandista republicano lutava, todavia, em prol de uma aproximação maior entre as classes sociais, de uma diminuição das diferenças econômicas acentuadas entre as mesmas, além de combater o estado de pobreza, quase mesmo de miséria, de grande parte da população brasileira. Nessa direção, referiu-se inúmeras vezes ao proletariado brasileiro, em geral, e aos negros, em particular, na sua condição de escravos, ou, posteriormente, de libertos. Acreditava o tribuno da República que esses segmentos sociais haviam padecido demais no decorrer do I e II Impérios, e que cabia, doravante, elevá-los à condição de cidadãos.

Entre proletários e patrões

Silva Jardim sempre enfatizou em sua prédica republicana a falência da monarquia em atender à sociedade brasileira: não teria feito caso nem de brancos, nem de negros, nem de nacionais, nem de estrangeiros, mostrando-se inoperante diante de ricos e de pobres, enfim, de todas as classes e pessoas. A República seria, portanto, urgente para toda a coletividade de brasileiros, brancos e negros. Com especial atenção, no entanto, seu discurso social voltou-se para as chamadas classes fundamentais: burguesia e proletariado.

Todos, em seu entender, mulheres, filósofos, proprietários, trabalhadores, exercitando cada um a sua função, contribuiriam para o mesmo fim e colaborariam na felicidade e no destino comum. As duas classes essenciais da sociedade, todavia, proprietários e trabalhadores, teriam vital importância, pois garantiam as condições materiais de existência, verdadeira necessidade social: "Assegurar essa garantia é a função do patriciado e do proletariado. A riqueza é representada pelo patriciado (assim chamado, porque, como os pais, é o sustentador material da sociedade), dos proprietários, dos empreendedores, dos que possuem o capital. O trabalho é representado pelo proletariado, pelos operários, corporações que se compõem de todos aqueles que vivem do salário, dia-a-dia, que fazem um costume quotidiano do labor manual, que proporcionam à sociedade meios para a sua existência material e para a sua riqueza" (*op. cit.*, pág. 217). Entre essas duas categorias sociais, o patronato e o operariado, estariam as outras, de certa forma sujeitas à ação primordial do capital e do trabalho.

Com uma perspectiva fortemente paternalista, Silva Jardim assegurava que as descobertas industriais haviam reorientado a sociedade em um sentido harmônico, transformando as relações entre capital e trabalho. Na verdade, de acordo com seu ponto de vista, uma divisão natural da sociedade industrial havia se firmado entre os empreendedores, os que possuíam os capitais e podiam desenvolver a riqueza, e os trabalhadores, que concorriam com o esforço diário para o incremento da mesma riqueza, resultando disso maravilhoso progresso. Empolgava-se, sobremaneira, o tribuno: "Proprietários e operários; patrões (e a palavra patrão vem do latim *pater*, pai), e trabalhadores, em harmonia belíssima, senhores, que a humanidade estabeleceu entre o capital e o trabalho, entre o forte e o fraco! Harmonia belíssima, senhores, que é proteção ao fraco, ao pobre, ao proletário, e vantagem ao forte, ao proprietário das riquezas, ao patriciado. Deixou também de ser uma indignidade a pobreza. Pode-se conceber que, se a riqueza era útil, porque desenvolvia novas forças sociais, a pobreza não o era menos, porque, impondo o trabalho, era o meio de desenvolver essas forças; e desde então reconheceu-se de todo o valor do proletariado, essa massa tornada poderosa pelo número, em cujas mãos está afinal a sociedade moderna". (idem, idem, pág. 218)

A conciliação social visualizada no discurso merecia do público entusiasmados aplausos. Afinal, em uma sociedade como a brasileira, fortemente conservadora, herdeira do pesado legado da escravidão, não havia espaço para considerações políticas e sociais mais progressistas ou arrojadas, que contestassem os princípios da ordenação capitalista.

A forte marca do liberalismo fazia-se presente nos textos de Silva Jardim, sobretudo, na valorização do trabalho, enquanto que a marca positivista encontrava-se nas propostas de incorporação do proletariado e de suas demandas à sociedade moderna, de uma forma tutelar, sob a égide do patronato ou do Estado. Nesse segundo aspecto, o pensador republicano estava próximo de uma república sociocrática.

A apologia do trabalho correspondia ao ideário liberal nacional, que, na época, buscava coadunar-se com as novas referências do trabalho livre, com os novos parâmetros delineados pela ordem burguesa, que vinha se estruturando no país. Aquele que marchasse para o trabalho na roça, na oficina ou no balcão teria uma missão tão digna e honrosa quanto à da elite política. O trabalho havia nobilitado todas as funções, e, no dizer do republicano fluminense, todas as funções seriam honrosas, desde as do ministro, até as do varredor das ruas, que também executava uma função pública; o supremo "honrador" era o trabalho.

A nova sociedade industrial acarretava direitos e deveres para seus dois setores mais importantes, burguesia e proletariado. As questões entre capital e trabalho deveriam ser resolvidas apenas entre patrões e empregados. Bem de acordo com o horizonte liberal de seu tempo, Silva Jardim execrava a tutela ou interferência do Estado no âmbito privado das relações sociais; ao Estado caberia impor apenas o que se referia à ordem pública. As relações de trabalho remeteriam ao universo da arbitragem social e não ao da salvação pública. O patronato deveria honrar seus compromissos quanto aos contratos de trabalho e aos salários, compreendendo que a submissão não se traduziria em dependência indigna ou subserviente e que pagar justos honorários ao trabalhador seria tão honroso quanto recebê-los. Por seu lado, os trabalhadores honrariam o pagamento recebido, procurando desempenhar seu ofício com afinco e responsabilidade social.

A proteção ao trabalho, as chamadas "medidas sociais" para o trabalhador, tais como descanso semanal remunerado, adequação da jornada de trabalho em níveis compatíveis com a dignidade humana e o controle do trabalho da criança seriam matéria de negociação e de acerto exclusivos entre patrões e empregados. O orador republicano, entretanto, falava em "justiça social", alertando para a permanência, na sociedade do período, de princípios retrógrados que só serviam para a exploração consciente ou inconsciente de certa parte da sociedade em prejuízo de outra. Conclamava o patronato à generosidade e ao bom senso no trato com a classe trabalhadora, entendendo que ao mais forte cabia a proteção do mais fraco.

A harmonia entre os dois setores, capitalista e proletário, era pensada, quase de forma visionária, pelo tribuno fluminense, numa dinâmica em "que os ricos, os fortes, protejam aos pobres e que os pobres, sentindo-se fracos, procurem apoio em outros fracos, auxiliem aos companheiros, a todos que lutam quase vencidos na carreira da existência. De uma tal arte ricos e pobres, fortes e fracos, unem-se e combinam-se, fundam associações de mútua beneficência, desenvolvem a fortuna comum, marchando à felicidade geral" (idem, idem, pág. 222).

Defensor intransigente da liberdade e da propriedade privada, repudiava as correntes comunistas ou socialistas, que também haviam emergido no século XIX, e disputavam a primazia política, concorrendo com as correntes liberais e positivistas: "Há ainda hoje uma escola que não compreende a ligação simpática entre o capital e o trabalho, entre o pobre e o rico. Partindo, é verdade, de um ponto exato – que toda a riqueza é social em seu destino e em sua origem –, o comunismo quer a divisão da propriedade, que deve ter uma apropriação individual. Assim, a grande propriedade foi por muitos condenada; assim o rico ficou exposto ao ódio público e considerado incapaz de inteligência e de bons sentimentos. Por outro lado, os indivíduos que a favoneavam não procuraram garanti-la nas suas condições de existência. É verdade que a riqueza é social em sua origem e em seu destino.(...) Mas

109

não é menos certo que para ter a propriedade um fim social, é mister que ela receba uma apropriação individual, que esteja concretizada em algumas mãos; portanto, senhores, deixai-me dizer-vos que, se deve existir a pequena propriedade, também a grande propriedade tem prestado serviços à humanidade" (idem, idem, pág. 221).

A despeito do discurso social conciliador, Antônio da Silva Jardim pensava ter a República um compromisso prioritário com o "vastíssimo proletariado brasileiro". Tal regime político era, em seu entender, o governo do proletariado, na medida em que era o governo da opinião pública e, nesta, prevalecia o proletariado, pela sua força numérica, pela sua quantidade.

O proletariado brasileiro era, em sua maioria, agrícola, mas também haveria uma grande massa de cidadãos que aí se podia classificar, por ser pobre e depender do trabalho e do salário para garantir sua subsistência.

Mediante uma elaboração mental inusitada, o pensador republicano concluía pela existência de uma "igualdade financeira" no Brasil: abalada a fortuna dos ricos, em embrião o acúmulo de capital dos pobres. Retirando-se os privilégios excessivos dos ricos, criar-se-ia potencialmente terreno para uma melhoria das condições dos pobres. A República, assim, elevaria forçosamente o proletariado brasileiro, procurando incorporá-lo à sociedade.

E a Monarquia? Inoperante no passado e no presente, dificilmente projetaria uma situação melhor para o operariado no futuro; aliás, estaria impossibilitada de promover um equilíbrio maior entre as classes, em decorrência da sua própria natureza, intrinsecamente desigual, que estabelecia leis e normas diferenciadas para nobres e plebeus. Oligárquica e dispendiosa, teria sacrificado as classes pobres, que sustentavam o poder de família, dos privilégios e dos enormes desperdícios de capital. O proletariado, principalmente, teria arcado com as conseqüências da desigualdade e dos desmandos sociais impostos pelo regime monárquico. Era hora de fazer-lhe justiça com a forma republicana de governo.

Se o proletariado deveria ser elevado, de modo geral, à melhor condição social, os trabalhadores negros, durante muito tempo escravos, deveriam ser, em particular, alvo da atenção dos poderes republicanos. Antônio da Silva Jardim havia sido, desde os tempos de estudante, um abolicionista convicto e propôs, de maneira lúcida, a integração do negro à sociedade de classes, depois de abolida a escravidão.

SILVA JARDIM E
O ABOLICIONISMO

Para Silva Jardim a República não era apenas uma palavra: era a realização do regime do bem público e o bem público correspondia ao bem dos mais infelizes, o povo. Era urgente desenvolver a simpatia pelo proletariado, especialmente o negro, harmonizando o proprietário e o trabalhador. O negro era o preto, na designação um tanto incorreta de Silva Jardim, mas utilizada fartamente em sua época. Em seus discursos e publicações, encontramos tão-somente o termo preto para designar o africano e o escravo, qualificando a etnia pela cor. Isso não invalida, contudo, a defesa sempre corajosa e pronta do tribuno em prol da abolição da escravidão no país e da inserção dos libertos no mercado de trabalho livre, em posições de igualdade com o trabalhador branco.

A escravidão era, para o propagandista da República, uma mancha vergonhosa para a nação. No seu entender republicano e abolicionista, desde os inícios do século XIX, "a nódoa desonrosa" deveria ter sido banida, se é que havia se justificado algum dia.

Desde os discursos de José Bonifácio à Assembléia Constituinte em 1823 se pedia "a supressão do infame tráfico africano" e a "liberdade dos pretos". Homenageando o "Patriarca da Independência", Silva Jardim reproduzia trechos dos seus discursos: "Não vos iludais, senhores, a propriedade foi sancionada para o bem de todos, e qual é o bem que tira o escravo de perder todos os seus direitos naturais, e se tornar de pessoa a cousa... (...) Não é, pois, o direito de propriedade que querem defender, é o direito da força, pois que o homem, não podendo ser cousa, não pode ser objeto de propriedade! (...) Se a lei deve defender a propriedade, muito mais deve defender a liberdade pessoal dos homens, que não pode ser propriedade de ninguém!" (Barbosa Lima Sobrinho (org.) – *Antônio da Silva Jardim – propaganda* .... pág. 54).

Para Silva Jardim, a "raça infelicitada" esperara muito tempo pela sua libertação, pela suas liberdades, pela sua moralização e pela sua dignidade. A medida adotada em 13 de maio de 1888 viera com demasiado atraso, mais por pressão social e pela luta da nação do que pela ação ou pelo empenho da Monarquia.

A princesa Isabel não fizera mais do que oficializar a prática corrente da sociedade brasileira, que já rejeitara, no dia-a-dia, a escravidão através da resistência negra e da campanha abolicionista.

Um dos mais inteligentes e realistas pronunciamentos sobre o "Treze de Maio" foi feito pelo tribuno fluminense, por ocasião da comemoração de um ano da Abolição. A situação do ex-escravo, do liberto, era diagnosticada de modo lúcido, sem qualquer concessão à monarquia e sem quaisquer compromissos com a visão ufanista e patrioteira presente nos festejos comemorativos da data.

O valoroso tribuno desmascarava o abolicionismo oficial e formal do Império: ferrenho adversário dos abolicionistas durante longo período, reprimindo abertamente o seu movimento e as lutas contra a escravidão, de modo geral, o poder imperial só declarou a libertação dos escravos, em nome dos poderes oficiais, quando esta já era um fato. De fato, o poder monárquico só extinguiu a escravidão quando a medida tornou-se inadiável. Nesse sentido, os monarquistas buscaram salvar privilégios dinásticos e interesses pessoais, na tentativa de conservar a monarquia no país, sem qualquer convencimento político ou ideológico sobre a justeza da lei ou do ato. Esse tipo de atitude dos poderes instituídos podia ser comprovado através de seu descaso em relação aos libertos e de sua ausência total de compromissos com a integração dos mesmos à sociedade brasileira. O estigma da escravidão que pesara duramente sobre os negros, transformara-se em exclusão e marginalidade após a abolição. Não havia portanto, muitos motivos para comemorações (*op. cit.*, pág. 353).

Ponderava o tribuno fluminense que, assim como o movimento republicano, o abolicionismo visava a um conjunto de reformas sociais, que poderiam ser sintetizadas em um largo ideal, comum a todo o Ocidente, qual seja, o da "incorporação do proletário moderno". Concordava com a importância da declaração da liberdade, primeiro passo de um longo processo na aquisição da cidadania pelo elemento negro; duvidava, entretanto, da sua eficácia absoluta na resolução de uma inserção digna do liberto na sociedade de classes, que então se organizava no país.

Na opinião de Silva Jardim, o governo imperial havia perdido uma chance histórica única de promover reformas sociais substantivas ao promover a abolição da escravidão limitando-se à proclamação da liberdade negra, sem efetivar a sua devida inclusão na sociedade, marginalizando-o mais uma vez.

As declarações do tribuno foram denúncia veemente da situação: "O governo, que presidiu à declaração da liberdade dos antigos escravos, teve as incomensuráveis vantagens de uma situação única para, levantando moral, social e materialmente a raça emancipada, imprimir ao conjunto de nossa civilização um progresso imensamente vasto e rápido. (...) Foi essa situação que o governo imperial perdeu para sempre, pela sua falta de convicções abolicionistas e pela sua falta de fé no futuro da pátria e nos destinos da humanidade. O antigo escravo ficou tão miserável, tão infeliz e tão desprotegido como dantes. Ninguém pensou em dar-lhe o que se oferece ao colono estrangeiro; ninguém tratou de constituir-lhe a base indispensável da existência material, dando-lhes terras devolutas e instrumentos de trabalho, facultando-lhe os meios de fundar uma habitação, diretamente por si ou com o auxílio dedicado do seu antigo patrão; ninguém promoveu em favor dele o estabelecimento de um sistema de simples e fácil instrução elementar. Por outro lado, ninguém quis aproveitar as vantagens da nova situação econômica, para desenvolver e sistematizar a indústria agrícola, para fundar um sistema bancário que fomentasse a expansão de todas as forças produtoras e presidir ao seu normal funcionamento" (idem, idem, pág. 353-354).

Na visão republicana do propagandista, o Império não só deixou de realizar "o vasto e patriótico" plano de reformas proposto pelos abolicionistas, como também opôs proprietários e trabalhadores. Para estes últimos, ao contrário de uma política de integração, o governo restabeleceu a prática do recrutamento e o trabalho como uma condenação. O governo imperial convocava negros libertos para ocupações penosas e mal remuneradas, realizadas nos moldes do trabalho compulsório. O abolicionismo oficial teria sido hipócrita em sua própria essência, além de inepto e cínico. Por isso, no entender de Silva Jardim "comprometeu o futuro da raça preta, que se acha ligado intimamente ao de nossa Pátria, cuja base material ela estabeleceu e cujos tesouros morais opulentou ainda. Tempo virá em que os descendentes da raça negra, bem inspirados e esclarecidos, lhe tomem disto severas contas" (idem, idem, pág. 354).

SILVA JARDIM E O RACISMO

Talvez a faceta mais interessante do pensamento social de Silva Jardim seja sua posição avessa ao racismo e às práticas sociais de discriminação racial, que até hoje, infelizmente, existem em nosso país. Ainda que utilizasse a categoria raça como etnia e mostrasse alguma imprecisão no uso de conceitos afins ao tema, defendeu a igualdade de oportunidades para trabalhadores negros e brancos, nacionais e estrangeiros, não hesitando em conferir uma importância fundamental à contribuição dos negros para a economia e a cultura nacionais. A nação devia muito ao elemento negro e à República cabia pagar essa dívida.

Um pouco sonhadoramente, o orador acreditava em uma "democracia racial" entre nós, porque para ele brancos e negros eram iguais, apesar das diferenças socioeconômicas entre os grupos, as quais era necessário, aliás, abolir. A diversidade cultural dos grupos, pelo contrário, era analisada como riqueza nacional, como cabedal positivo para a civilização brasileira.

O grande tribuno referiu-se, em muitas ocasiões, à diversidade étnica do país, fazendo uma avaliação geralmente positiva a esse respeito: "Não há país em que haja mais igualdade que este; não se faz aqui questão de raça, nem da cor das pessoas; não há aristocracia, todos precisam trabalhar, porque o País é pobre e o trabalho iguala mais ou menos a todos. Quanto à fraternidade, nós somos talvez o povo mais fraterno do mundo: basta dizer que abolimos a escravidão, fato que ia ferir muito os interesses, sem sangue, no meio de festas e de flores" (Barbosa Lima Sobrinho (org.) – *Antônio da Silva Jardim – propaganda republicana*, pág. 190).

O proletariado agrícola formado pelo escravo, até a abolição, trabalhava sob pressão e sem estímulo. A historiografia sobre a escravidão muito tem discutido a questão da produtividade do trabalhador escravo, que permanece ainda controversa. Parte dos estudos sobre esse trabalhador afirma sua pequena produtividade, compensada pela abundância da mão-de-obra. Sujeito aos maus tratos constantes, sem o incentivo de qualquer remuneração compatível com os duros e prolongados encargos diários na lavoura, o escravo trabalhava descontente, produzindo apenas o que era exigido compulsoriamente. O negro, nessa condição, mostrava muitas vezes, como era previsível, tendência natural para a revolta contra um tal regime de trabalho, além de injusto, contínuo. Mas era um categoria constituída por uma raça que "sendo das raças a mais afetiva, pelo seu mui pequeno desenvolvimento intelectual, e pela sua mesma afetividade, venerava demais, tinha calcado pelo cativeiro o sentimento da dignidade, e não sentia muito os estímulos da inteligência e da independência. Seu trabalho era, por sua parte, nobre; mas muita vez o iludia, justamente pelo vagar, pela fuga demorada, ou pela moléstia" (idem, ibidem). Desta forma, para o tribuno fluminense, o resultado do trabalho escravo era menor que o do trabalho livre, propiciador de um melhor desempenho das várias "raças". Esse discurso, um tanto ambíguo quanto às potencialidades intelectuais dos africanos trazidos para o Brasil, sugerindo até uma certa inferioridade dos mesmos, não tinha a intenção de desvalorizar o negro, mas de afirmar as vantagens do trabalho livre e assalariado. Embora afirme "o pequeno desenvolvimento intelectual dos negros" e a ausência do "sentimento de dignidade" entre eles, tais traços estão relacionados em seu discurso muito mais à desqualificação econômica, cultural e moral do trabalho compulsório do que a uma possível inferioridade racial.

Aliás, a questão do trabalho sempre esteve associada, na ótica de Silva Jardim, à liberdade; as várias etnias, com o seu valor, deveriam ter a liberdade de trabalhar ou de ser escolhidas para o trabalho, pelo empregador, de modo livre e autônomo. O debate sobre a entrada dos imigrantes chineses no Brasil, por exemplo, foi intenso e acompanhado de inúmeros preconceitos.

Ainda que contrário ao trabalho dos chineses no país, o orador jamais se posicionou de forma racista quanto ao assunto. Respondendo a ataques de Joaquim Nabuco feitos aos republicanos sobre essa matéria, respondeu ele, de modo bastante incisivo e claro, "de acordo com a verdadeira ciência social, do ponto de vista da ordem e da razão": "Tratarei da imigração chinesa. Declaro que não sou dos tresloucados que dizem-se capazes de receber os chins no cais Pharoux a tiro e a pau. Não tenho ódio aos chins; julgo a China país bastante adiantado entre os povos do Oriente. Quem ler a obra de Pierre Laffitte sobre a China há de se convencer do que levo dito, e de que a admirável moral de Confúcio, de que a civilização da nação chinesa é mais adiantada do que geralmente se supõe. Não julgo os chins raça inferior, porque não há raças inferiores; a raça branca distinguia-se pela inteligência; mas nem por isso lhe era inferior a raça preta, cujo desenvolvimento de afetos é mui grande, nem a raça amarela, a raça ativa por excelência. Mas ia eu afirmar-vos que, embora julgue a nação chinesa nação adiantada, uma das mais adiantadas nações asiáticas, contudo aconselho aos lavradores que evitem o quanto possam uma tal imigração. A razão que tenho é a da diversidade completa de nossa civilização, dos nossos hábitos, das nossas tendências, para a civilização, tendências e hábitos dos chins: o que viria perturbar a unidade moral de nossa pátria, donde, em futuro, a sua unidade política. Reconheço, porém, que tem o lavrador o direito individual de escolher o seu operário: chin, turco, espanhol ou inglês. (...)" (*op. cit.*, pág. 304 a 305).

Acima de quaisquer considerações de etnia, povo, nacionalidade, estava a classe trabalhadora, de importância capital para o desenvolvimento da economia nacional.

Como poucos em sua época, o tribuno destacou o valor e a dignidade do operariado, sobre cuja ação repousava o futuro do país. A categoria "classe" sobrepunha-se às diferenças étnicas, culturais e nacionais dos trabalhadores do Brasil. Ninguém foi tão apaixonado na defesa do proletariado quanto o nosso propagandista: "À classe operária que é o vasto corpo social, cabe produzir o trabalho e também a regeneração social, pela educação de seus membros, e a proteção mútua; também a colaboração em negócios públicos, ou interesse pelas questões sociais, por uma justa apreciação, auxiliando a formação da opinião pública, a maior força humana, pois tem pela sua força numérica a serena suasão de um conselho e a opressora imposição de uma ordem" (idem, idem, pág. 230).

SILVA JARDIM
E A ECONOMIA

Entre idéias liberais, como as da liberdade de trabalho, livre iniciativa e de mercado, incremento da riqueza, e o lema positivista da Ordem e Progresso, Silva Jardim muitas vezes denunciou o atraso de nossa economia e o nosso endividamento externo, propondo a modernização de nosso sistema econômico através da implantação da República.

Em vários discursos e textos, o tribuno fluminense retratou a grave situação econômica nacional nos fins da década de 1880, apontando alguns problemas básicos: pauperismo generalizado da nação ("Estamos, sobretudo, paupérrimos!") e grande dívida externa e interna do governo.

Devendo muito ao estrangeiro, o país pagava altíssimas taxas de juros, principalmente aos bancos ingleses, e não conseguia amortizar a dívida principal.

Teria havido um tempo em que a receita pública era maior que a votada no orçamento; porém, a despesa também ficava acima do previsto, sobretudo por causa das importações de bens de consumo, do esbanjamento sistemático e do "terrível nepotismo", que exauriam o erário público. Até um escritor monárquico teria dito que o Império não era mais o Império do crescente, e, sim, o Império do minguante.

Um dos maiores problemas econômico-financeiros, apontados pelo orador, era o custo da família imperial para o Brasil. Segundo seu raciocínio, um país que vivia pedindo dinheiro emprestado era um país pobre; não obstante, só a família real recebia aproximadamente dois mil contos anuais. Havia uma injusta e enorme diferença entre o ganho do simples cidadão e o dote do governante, o que ocasionava um sério desequilíbrio financeiro para a nação. Silva Jardim comentava ironicamente, provocando hilaridade prolongada no público ouvinte: "Pois não cabe entre nós, a cada príncipe que nasce, desde logo, a anuidade de seis contos de réis para alimentos? Nosso monarca não sustenta os filhos, (riso) como não sustenta a mulher; (riso) somos nós que lhe mantemos a família... Quinhentos mil réis ao nascer... para ama de leite, naturalmente... Hão de concordar, Senhores, que a quantia deixa margem para economias bem boas! Quinhentos mil réis de leite! É muito leite! Já me admira como não está este País transformado em uma via láctea (riso demorado)" (Barbosa Lima Sobrinho (org.) – *Antônio da Silva Jardim – propaganda...*, pág. 158 a 159).

No mesmo discurso, continuava jocosamente, mais uma vez causando o riso entre o auditório: "Regime de ficção, só pela ficção se sustenta a monarquia, e para essa ficção é mister o luxo, a ilusão contínua, o aparato, o ouro. De acordo... mas, então como somos um povo muito pobre, e a monarquia é um regime muito caro, conclui-se que nós não podemos sustentar a monarquia... (Muito bem!) É o caso de dizer: sim, Senhores, a monarquia é muito boa, mas é muito cara, não é para nós... Contentar-nos-emos com a república, que não presta, é verdade, mas é o que podemos possuir, porque é mais barata..." (*op. cit.*, pág. 159).

Embora no final da década de 1880 o processo de urbanização e o crescimento industrial já fossem uma realidade no Brasil, o país permanecia predominantemente agrário, sendo sua base a agricultura voltada para a exportação. A produção e a exportação do café constituíam o núcleo central da economia brasileira.

Silva Jardim acreditava no desenvolvimento das atividades urbanas e industriais para uma atualização "capitalista" de nossa economia, mas ressaltava a importância da agricultura e demandava um apoio efetivo para a lavoura e a sua modernização. Esboçava um quadro exato e realista da situação econômica nacional, e afirmava o descontentamento tanto das classes progressistas quanto das classes conservadoras: "Além do desconhecimento das regiões, do estrago dos nossos portos de mar, somos um povo sem indústria fabril e manufatureira quase, exportamos pouco, tudo importamos do estrangeiro, e são-nos desprotegidos os poucos germens de vida industrial. É mau o estado da lavoura, sem braços, vítima da escravidão, que não ela e sim a monarquia estabeleceu...com retrógrados processos de amanho das terras; sem o replantio das matas; reduzida a cultura ao café no Sul e à cana no Norte; sem que, afinal, num país essencialmente agricultor, tivesse a monarquia curado da instituição de escolas de lavradores. Quanto à indústria pastoril, tão apta a muitas de nossas regiões, ainda se acha em estado primitivo; e nem lembrada mesmo, a criação de escolas veterinárias. É mau o estado do comércio, porque mau o da lavoura, donde emana o maior de suas forças; em crises contínuas, lutando também com a ignorância pela falta de aprendizagem especial. Tal é a situação das classes conservadoras na nação brasileira (Muito bem! Muito bem!)" (idem, idem, pág. 157).

Compreendia Silva Jardim ser a "classe agrícola" um poderoso elemento conservador da sociedade e o setor preponderante no país. Não éramos, no período, um povo fabricante ou um povo de banqueiros; estávamos iniciando o regime da indústria, levando adiantada a obra comercial. Assim, o que tínhamos de verdadeiramente consolidado era o elemento agricultor, tudo dependendo afinal da agricultura, da lavoura: o comércio, a indústria, a atividade bancária.

Com as rendas da agricultura, o Estado mantinha a magistratura, as escolas, o funcionalismo público. Éramos e continuaríamos a ser um país agrícola e, nesse sentido, o propagandista da República entendia que nenhuma coletividade poderia dispensar, no território nacional, a presença do elemento agricultor, se quisesse viver e sobreviver. O Partido Republicano era uma dessas coletividades, que contava, em suas fileiras, com uma maioria de agricultores. Como a "classe nacional" era agrícola, o Partido Republicano era o partido nacional, o partido verdadeiramente brasileiro. O tribuno fluminense dedicou especial atenção à agricultura em sua plataforma econômica, preconizando técnicas agrícolas mais modernas, que elevassem a produtividade da lavoura, defendendo a substituição do trabalho escravo pelo trabalho livre e apostando na mecanização da agricultura. Mas nem por isso deixou de se preocupar com a questão das indenizações, que vinham sendo exigidas pelos antigos proprietários de escravos, assunto bastante polêmico e em voga em toda a imprensa da época.

A questão das indenizações

Totalmente contrário ao ressarcimento dos possíveis prejuízos acarretados pela Abolição aos antigos donos de escravos, Silva Jardim conseguiu sempre equacionar a questão de modo racional e equilibrado. O pagamento de eventuais danos econômicos causados pelo fim da escravidão acabaria por onerar os próprios agricultores, uma vez que o governo, com as finanças muito comprometidas, cobraria o gasto feito na forma de tributos, taxas e impostos adicionais. Ponderava, entretanto, que a revolta dos proprietários contra o governo era justa; haviam sido enganados pelo Império, que prolongara a escravidão desonrosa muito além do imaginável, deixando na mão, de uma hora para outra, inúmeros agricultores imprevidentes. O fato de um número considerável entre eles ter aderido à causa republicana, contudo, não iludia o tribuno, que não transigiu em suas idéias quanto à injustiça, para todo o país, da indenização do setor escravocrata.

A República tinha como programa o desenvolvimento dos vários setores econômicos, uma distribuição mais eqüitativa da renda nacional, além do saneamento das finanças e da dívida pública. Disputando uma vaga na Câmara dos Deputados, antes da Proclamação da República, Silva Jardim baseava seu programa no desenvolvimento econômico e educacional da nação: "Quero o desenvolvimento da indústria e das indústrias, pela nobilitação de todo o trabalho, estabelecido um largo sistema de obras públicas em que se ocupe livremente o proletariado ocioso, pela valorização do solo, pela diminuição dos impostos, principalmente internos e de exportação, pelo desenvolvimento da comunicação, em estradas, correios e telégrafos, pelo aproveitamento dos portos, pela exploração do território, pela sua povoação e cultura, pela proteção à indústria nacional" (idem, idem, pág. 412). Terminava seu discurso político enfatizando as metas referentes ao desenvolvimento agrícola, ao da indústria e ao do ensino.

REFLEXÃO E DEBATE

1. Em sua condenação à Monarquia, Silva Jardim destacava alguns dos problemas centrais desse regime político no Brasil. Quais eram eles?
2. Qual o panorama econômico, social e político-cultural do Brasil às vésperas da República?
3. No entender de Silva Jardim, a República poderia resolver os males mais graves de nosso país. Responda tendo em vista a argumentação proposta pelo propagandista republicano.
4. Como Silva Jardim equacionava a questão social no Brasil? Qual deveria ser a natureza da relação capital/trabalho no país?
5. Quais as propostas de nosso personagem para o desenvolvimento socioeconômico do Brasil?
6. A República sonhada por Silva Jardim tornou-se realidade no que se refere à integração racial e ao respeito à cidadania? Comente.

BIBLIOGRAFIA

CARVALHO, José Murilo de. *Os bestializados* – o Rio de Janeiro e a república que não foi, São Paulo, Companhia das Letras, 1987.

_____. *A formação das almas* – o imaginário da república no Brasil, São Paulo, Companhia das Letras, 1990.

CASALECCHI, José Ênio. *A proclamação da república*, São Paulo, Brasiliense, 1981.

_____. *O Partido Republicano paulista* – política e poder (1889 - 1926), São Paulo, Brasiliense, 1987.

COSTA, Emília Viotti da. *Da monarquia à república*: momentos decisivos, São Paulo, Grijalbo, 1977.

DORNAS F º, João. *Silva Jardim*, São Paulo, Companhia Editora Nacional, 1936.

FAUSTO, Boris. *História do Brasil*, São Paulo, EDUSP, 1984.

JANOTTI, Maria de L. M. *Os subversivos da república*, São Paulo, Brasiliense, 1986.

LEÃO, José. *Silva Jardim*: apontamentos para a biographia do illustre propagandista, hauridos nas informações paternas e dados particulares e officiaes, Rio de Janeiro, Imprensa Nacional, 1895.

LEITE, A. Roberto de Paula. *Silva Jardim, o esquecido*, mimeo., 1984.

QUEIROZ, Maurício Vinhas de. *Uma garganta e alguns níqueis* – história de Silva Jardim, o herói da propaganda republicana, Rio de Janeiro, Aurora, 1947.

_____. *Paixão e morte de Silva Jardim*, Rio de Janeiro, Civilização Brasileira, 1967.

QUEIROZ, Suely R. R. de. *Os radicais da república*, São Paulo, Brasiliense, 1986.

RICCI, Maria Lúcia de S. R. *Ação e pensamento em Silva Jardim*, Campinas, Departamento de História da PUC, 1987.

SILVA JARDIM, Antônio da. *Memórias e viagens*, Paris, abril/1891.

_____. *A Pátria em perigo*, São Paulo, Typ. da "Província", 02/1888.

_____. *A República no Brasil (Compêndio e teoria e apreciações políticas destinadas à propaganda republicana)*, opúsculo, 20/09/1888.

_____. *Salvação da Pátria*, Santos, Typ. do "Diário", 05/1888.

SOBRINHO, Barbosa Lima. *Antônio da Silva Jardim* – propaganda republicana (1888-1889). (Discursos, opúsculos, manifestos e artigos coligidos, anotado e prefaciados por Barbosa Lima Sobrinho), Rio de Janeiro, MEC/Fundação Casa De Rui Barbosa, Conselho Federal de Cultura, 1978.

_____. *Silva Jardim* – discursos, opúsculos, manifestos, Rio de Janeiro, UFF/Imprensa Universitária, 1974.